实用财会真账实训系列 ❻

根据最新会计制度和准则编写

旅行社
会计真账实训

代义国◎主编

廣東省出版集團
广东经济出版社

图书在版编目（CIP）数据

旅行社会计真账实训 / 代义国主编. —广州 ：广东经济出版社，2012. 8
（实用财会真账实训系列 6）

ISBN 978-7-5454-1443-1

Ⅰ. ①旅… Ⅱ. ①代… ①旅行社 - 会计 Ⅳ. ①F590. 66

中国版本图书馆CIP数据核字(2012)第172567号

出版发行	广东经济出版社（广州市环市东路水荫路11号11～12楼）
经销	全国新华书店
印刷	惠州报业传媒印务有限公司 （惠州市江北文华一路惠州日报社）
开本	787 毫米×1092 毫米 1/16
印张	15. 25
字数	350 000 字
版次	2012 年 8 月第 1 版
印次	2012 年 8 月第 1 次
印数	1～5 000 册
书号	ISBN 978 - 7 - 5454 - 1443 - 1
定价	32. 00 元

如发现印装质量问题，影响阅读，请与承印厂联系调换。
发行部地址：广州市环市东路水荫路 11 号 11 楼
电话：(020) 38306055 38306107 邮政编码：510075
邮购地址：广州市环市路水荫路 11 号 11 楼
. 电话：(020) 37601980 邮政编码：510075
营销网址：http://www. gebook. com
经济出版社常年法律顾问：何剑桥律师

编委会名单

目 录

第一章 会计业务全真模拟

一、流动资产业务

（一）库存现金业务

【例 1】2011 年 12 月 1 日，长城旅行社签发现金支票 2 000 元，拨付业务部门备用金定额。账务处理如下。

借：库存现金　　2 000

　　贷：银行存款　　2 000

附单据 1 张：现金支票存根 1 张。

中国工商银行
现金支票存根 （京）

$\frac{E}{0}\frac{G}{2}$ 05215002

附加信息

出票日期 2011 年 12 月 1 日

收款人：业务部
金　额：¥2 000.00
用　途：备用金

单位主管 张娜　　会计 王平

【例 2】2011 年 12 月 1 日，长城旅行社组成 20 人的夕阳红旅行团从北京赴上海旅游，已收旅行团费 50 000 元现金。账务处理如下。

借：库存现金　　50 000

　　贷：应收账款——夕阳红旅行团　　50 000

附单据 2 张：收款收据 1 张，发票 1 张

收 据

2011 年 12 月 1 日　　　　NO：023123

今收到 夕阳红旅行团

交来 旅行团费

人民币（大写）伍万元整　　　　¥ 50 000.00

第三联 记账联

收款人：王平　　　　交款人：李娜

北京市服务业、娱乐业、文化体育业专用发票

BEIJING SPECIAL INVOICE FOR SERVICE INDUSTRY ENTERTAINMENT INDUSTRY AND PHYSICAL CULTURE INDUSTRY

记 账 联

ENTRY

发票代码 211000672150
INVOICE CODE
发票号码 18970885
INVOICE NO.
密码 [redacted]
PASSWORD
信息码 2014060205
INF. NUMBER

54067214-01018639-70885015

税务登记号：110880202045871
TAX REGISTRY NO.
收款单位：北京长城旅行社有限公司
PAYEE
付款单位(个人)：夕阳红旅行社
PAYER

项目 Item	单价 UNIT PRICE	数量 QUANTITY	金额 AMOUNT CHARGED
团费	50 000.00	1	50 000.00
小写合计 TOTAL IN FIGURES	¥ 50 000.00		
大写合计 TOTAL IN CAPITAL	伍万元整		

二 记账联

机打号码 Printed No. 18970885
机器编码 Machine No. 008510220901
税控码 Tax control No. 1009 1935 9417 4607 5884

收款员 Cashier
开票日期 Date issued 2011/12/01
收款单位（盖章有效）Payee (seal)　税控机打发票手开无效 Printed by receiver, hand-writing invalid

【例 3】2011 年 12 月 2 日，会计人员王丽到银行存入现金 60 000 元。账务处理如下。

借：银行存款　　　　60 000

　　贷：库存现金　　　　60 000

附单据 1 张：现金存款凭证 1 张。

ICBC 中国工商银行　　　　现金存款凭证

2011 年 12 月 2 日　　　　京 B02152423

存款人	全称	北京长城旅行社有限公司				
	账号	4108645732577			款项来源	营业款
	开户行	工商银行			交款人	

金额
大写人民币（本位币）陆万元整　　　　金额 小写 RMB 60，000.00

票面	张数	票面	张数	票面	张数	
100.00	600.0					
						经办　复核 01921

（二）银行存款业务

【例 4】2011 年 12 月 2 日，长城旅行社接待日本旅行社组团旅游业务，按规定收到组团费人民币 80 000 元，收到银行入账通知单。账务处理如下。

借：银行存款　　　　80 000

　贷：应收账款——日本旅行社　　　　80 000

附单据 2 张：银行收款凭证 1 张，发票 1 张。

ICBC 中国工商银行　　　　业务回单（收款）凭证

入账日期：2011-12-2　　回单编号：11271000012
付款人户名：日本旅行社
付款人账号：100024567824155
付款人开户行 / 发报行：工商银行
收款人户名：北京长城旅行社有限公司
收款人账号：4108645732577
收款人开户银行：工商银行通州支行
币种：　人民币（本位币）　　　　金额（小写）：80 000.00
金额（大写）捌万元整
凭证种类：　　　　凭证号码：
业务（产品）种类：同行汇款　　　　摘要：　组团费
交易机构号 622214　记账柜员号：00012　　交易代码：52002　用途：
附言：团费
支付交易序号：11000451 报文种类：00100 委托日期：2011-12-2
业务种类：　　　　收款人地址：
付款人地址：

打印次数：　1　次　机打回单注意重复　打印日期：2011-12-2　　打印柜员：02021

北京市服务业、娱乐业、文化体育业专用发票
BEIJING SPECIAL INVOICE FOR SERVICE INDUSTRY ENTERTAINMENT INDUSTRY AND PHYSICAL CULTURE INDUSTRY

记 账 联
ENTRY

发票代码 INVOICE CODE 211000672150
发票号码 INVOICE NO. 18970886
密码 PASSWORD
信息码 INF. NUMBER 2014060205
54067214-01018639-70885015

税务登记号 TAX REGISTRY NO.：110880202045871
收款单位 PAYEE：北京长城旅行社有限公司
付款单位(个人) PAYER：日本旅行社

项目 Item	单价 UNIT PRICE	数量 QUANTITY	金额 AMOUNT CHARGED
团费	80 000.00	1	80 000.00
小写合计 TOTAL IN FIGURES	¥ 80 000.00		
大写合计 TOTAL IN CAPITAL	捌万元整		

二 记账联

机打号码 Printed No. 18970886
机器编码 Machine No. 008510220901
税控码 Tax control No. 1009 1935 9417 4607 5884
收款员 Cashier
开票日期 Date issued 2011/12/02
收款单位（盖章有效）Payee (seal) 税控机打发票手开无效 Printed by receiver, hand-writing invalid

【例 5】2011 年 12 月 2 日，长城旅行社与美国美克旅游公司签订协议，由中国长城旅行社承办该社组织的旅行团来华旅游事宜，该团有 30 人 12 月 2 日至 22 日来华旅游。按协议规定在入境前付旅费 117 000 元，款项收到存入银行。账务处理如下。

借：银行存款　　117 000

　　贷：预收账款——美国美克旅游公司　　117 000

附单据 2 张：银行收款凭证 1 张，发票 1 张。

ICBC 中国工商银行　业务回单（收款）凭证

入账日期：2011-12-2　回单编号：11271000013
付款人户名：美克旅游公司
付款人账号：3000464614461
付款人开户行 / 发报行：工商银行
收款人户名：北京长城旅行社有限公司
收款人账号：4108645732577
收款人开户银行：工商银行通州支行
币种：　人民币（本位币）　金额（小写）：117 000.00
金额（大写）壹拾壹万柒仟元整
凭证种类：　凭证号码：
业务（产品）种类：同行汇款　摘要：　团费
交易机构号 622215　记账柜员号：00013　交易代码：52003　用途：
附言：旅费
支付交易序号：1100045 报文种类：00100 委托日期：2011-12-2
业务种类：　收款人地址：
付款人地址：

打印次数：　1　次　机打回单注意重复　打印日期：2011-12-2　打印柜员：02021

北京市服务业、娱乐业、文化体育业专用发票

BEIJING SPECIAL INVOICE FOR SERVICE INDUSTRY ENTERTAINMENT INDUSTRY AND PHYSICAL CULTURE INDUSTRY

记 账 联

ENTRY

发票代码 211000672150
INVOICE CODE
发票号码 18970887
INVOICE NO.
密 码 [redacted]
PASSWORD
信息码 2014060205
INF. NUMBER

54067214-01018639-70885015

税务登记号：110880202045871
TAX REGISTRY NO.
收款单位：北京长城旅行社有限公司
PAYEE
付款单位(个人)：美克旅游公司
PAYER

项目 Item	单价 UNIT PRICE	数量 QUANTITY	金额 AMOUNT CHARGED
团费	117 000.00	1	117 000.00
小写合计 TOTAL IN FIGURES	¥ 117 000.00		
大写合计 TOTAL IN CAPITAL	壹拾壹万柒仟元整		

二记账联

机打号码 Printed No. 18970887
机器编码 Machine No. 008510220901
税控码 Tax control No. 1009 1935 9417 4607 5884

收款员 Cashier
开票日期 Date issued 2011/12/02
收款单位（盖章有效）Payee (seal)
税控机打发票手开无效 Printed by receiver, hand-writing invalid

【例6】2011年12月2日，北京长城旅行社组织北京施耐电器公司一个20人的旅游团去法国旅游15天，旅游日程为2011年12月22日至2012年1月5日，按旅游合同向旅游者预收22 800元团费。账务处理如下。

借：银行存款　　22 800

　　贷：预收账款——北京施耐电器公司　　22 800

附单据2张：进账单回单1张，发票1张。

ICBC 中国工商银行 进账单（回 单）2

2011年12月2日

出票人	全称	北京施耐电器公司	收款人	全称	北京长城旅行社有限公司
	账号	24679761346464		账号	4108645732577
	开户银行	工商银行北京市通州支行		开户银行	工商银行北京市通州支行
金额	人民币（大写）贰万贰仟捌佰元整				亿千百十万千百十元角分：¥2280000
票据种类	转账支票	票据张数	1张		
票据号码					
复核　记账			开户银行签章		

此联是开户银行交给持（出）票人的回单

北京市服务业、娱乐业、文化体育业专用发票

BEIJING SPECIAL INVOICE FOR SERVICE INDUSTRY ENTERTAINMENT INDUSTRY AND PHYSICAL CULTURE INDUSTRY

记 账 联

ENTRY

发票代码 INVOICE CODE 211000672472
发票号码 INVOICE NO. 18970888
密码 PASSWORD
信息码 INF.NUMBER 2014060205

54067214-01018639-70885015

税务登记号 TAX REGISTRY NO.：110880202045871

收款单位 PAYEE：北京长城旅行社有限公司

付款单位(个人) PAYER：北京施耐电器公司

项目 Item	单价 UNIT PRICE	数量 QUANTITY	金额 AMOUNT CHARGED
团费	22 800.00	1	22 800.00
小写合计 TOTAL IN FIGURES	¥ 22 800.00		
大写合计 TOTAL IN CAPITAL	贰万贰仟捌佰元整		

二记账联

机打号码 Printed No. 18970888

机器编码 Machine No. 008510220901

税控码 Tax control No. 1009 1935 9417 4607 5884

收款员 Cashier

开票日期 Date issued 2011/12/02

收款单位（盖章有效） Payee (seal)　税控机打发票手开无效 Printed by receiver,hand-writing invalid

（三）其他货币资金业务

【例 7】2011 年 12 月 2 日，北京长城旅行社去上海购置大客车，填制银行汇票申请书 500 000 元，银行受理后，收到同等数额的银行汇票及解讫通知。账务处理如下。

借：其他货币资金——银行汇票　　500 000

　　贷：银行存款　　500 000

附单据 2 张：汇票申请书 1 张，银行汇票卡片 1 张。

ICBC 中国工商银行北京分行

汇票申请书（存根）

申请日期 2011 年 12 月 2 日

申请人	北京长城旅行社有限公司	收款人	上海大众汽车销售有限公司
账号与地址	4108645732577	账号与地址	24679761346464
用途	购车	代理付款行	工行北京市通州支行

金额	亿	千	百	十	万	千	百	十	元	角	分
人民币（大写）伍拾万元整			¥	5	0	0	0	0	0	0	0

备注：	账务主管　复核　经办

第一联存根

付款期限
壹个月

ICBC 中国工商银行

银行汇票（卡片）1 $\frac{E}{0}$ $\frac{G}{2}$ 14308777

出票日期（大写）贰零壹壹 年 壹拾贰 月 零贰 日

代理付款行：工商银行											行号：0201
收款人：上海大众汽车销售公司											账号：24679761346464
出票金额　人民币（大写）伍拾万元整											
实际结算金额　人民币（大写）	千	百	十	万	千	百	十	元	角	分	

此联出票行结清汇票时作汇出汇款借方凭证

申请人：北京长城旅行社有限公司　　账号：4108645732577

出票行：工商银行通州支行　行号：0201

备注：

复核　　经办　　　　复核　　记账

【例8】接上例，2011年12月13日，从上海大众汽车销售公司购进大客车1辆，计价款450 000元，以面额500 000元的银行汇票付讫，余款尚未退回，该汽车当日办理入库。账务处理如下。

借：固定资产　　450 000

　　贷：其他货币资金——银行汇票　　450 000

附单据3张：银行汇票解讫通知1张，发票1张，固定资产入库单1张。

固定资产入库单

供货单位：上海大众汽车销售公司　　凭证编号：

发票号码：46565328　　2011年12月13日　　产品仓库：3号

产品编号	产品名称	规格	单位	数量		单价	金额
				应收	实收		
	客车		辆	1	1	450 000	450 000.00

审核：　　制单：王平

付款期限 壹个月

ICBC 中国工商银行

银行汇票（解讫通知） 3 E/0 G/2 14308777

（出票日期）
（大写） 贰零壹壹年壹拾贰月零贰日

代理付款行：中国工商银行 行号：0201

收款人：上海大众汽车销售公司 账号：24679761346464

出票金额 人民币（大写） 伍拾万元整

实际结算金额	人民币（大写） 肆拾伍万元整	千	百	十	万	千	百	十	元	角	分
			¥	4	5	0	0	0	0	0	0

申请人：北京长城旅行社有限公司 账号：4108645732577

出票行：工商银行通州支行 行号：0201

备 注：

代理付款行签章

复核 经办

密押：

多余金额									
千	百	十	万	千	百	十	元	角	分
		¥	5	0	0	0	0	0	0

复核 记账

此联代理付款行兑付后随报单寄出票行，由出票行作多余款贷方凭证

机动车销售统一发票

AUTOBOBILE SALES INVOICE

发 票 联

INVOICE

发票代码：021347671122

2011 年 12 月 13 日 发票号码：46565328

购货单位（人）	北京长城旅行社有限公司			身份证号码 / 组织机构代码		
车辆类型			厂牌型号		产地	
合格证号			进口证明书号		商检单号	
发动机号码				车架号码 / 车辆识别代码		
数量	壹	单价	384 615.38		合同单号	
价外费用	名称	增值税		费		费
	金额	65 384.62				
价费合计金额	（大写）肆拾伍万元整				¥ 450 000.00	
销货单位名称	上海大众汽车销售公司		地址		电话	
纳税人识别号	46431346746131		开户银行	12464674613	账号	4646311314346
备注	一车一票，机用发票手开无效		审核单位（盖章）			

第二联 发票联

销货单位： 开票人：李娜 收款人：

【例 9】接上例，2011 年 12 月 13 日，银行转来多余款收账通知，金额为 50 000 元，系本月 2 日签发的银行汇票使用后的余款。账务处理如下。

借：银行存款 50 000

　　贷：其他货币资金——银行汇票 50 000

附单据 1 张：银行汇票多余款收账通知 1 张。

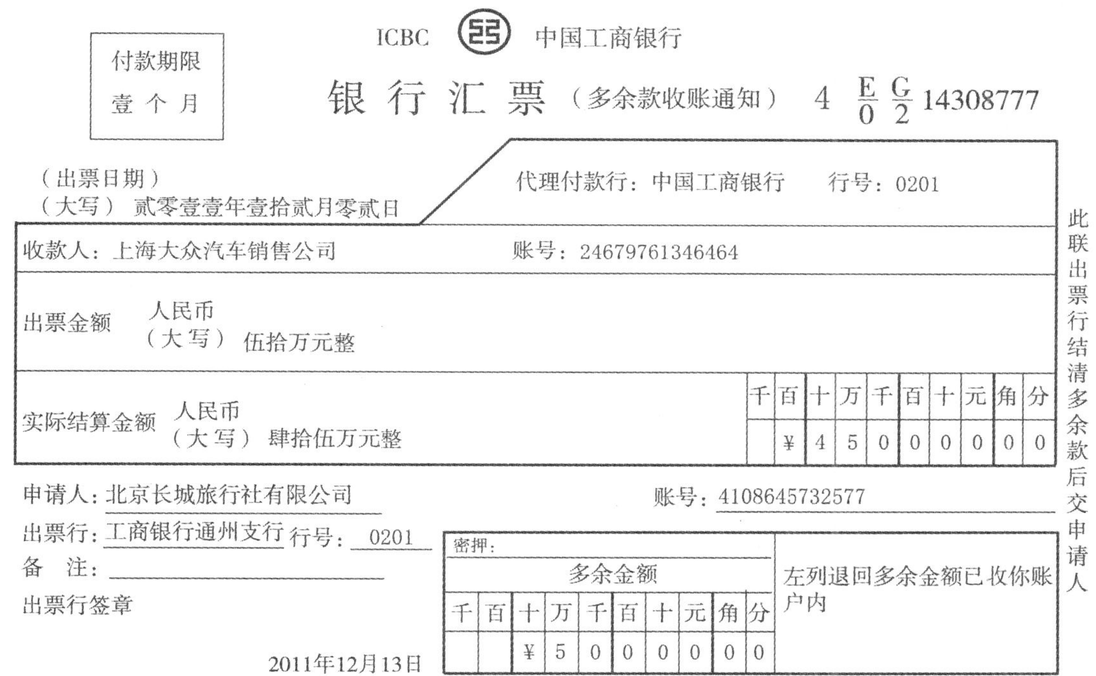

ICBC 中国工商银行

付款期限 壹个月

银行汇票（多余款收账通知） 4 E/0 G/2 14308777

（出票日期）（大写） 贰零壹壹年壹拾贰月零贰日

代理付款行：中国工商银行 行号：0201

收款人：上海大众汽车销售公司 账号：24679761346464

出票金额 人民币（大写） 伍拾万元整

实际结算金额 人民币（大写） 肆拾伍万元整

千	百	十	万	千	百	十	元	角	分
	¥	4	5	0	0	0	0	0	0

申请人：北京长城旅行社有限公司 账号：4108645732577

出票行：工商银行通州支行 行号：0201

备　注：

出票行签章

2011年12月13日

密押：

多余金额

千	百	十	万	千	百	十	元	角	分
		¥	5	0	0	0	0	0	0

左列退回多余金额已收你账户内

此联出票行结清多余款后交申请人

（四）应收账款业务

【例 10】2011 年 12 月 3 日，收到北京京华公司偿还的上月所欠账款 8 000 元，并开具发票给对方。账务处理如下。

借：银行存款 8 000

　　贷：应收账款——北京京华公司 8 000

附单据 2 张：银行收款凭证 1 张，发票 1 张。

ICBC 中国工商银行　　业务回单（收款）**凭证**

入账日期：2011-12-3　　回单编号：11271000015
付款人户名：北京京华公司
付款人账号：20001002046464
付款人开户行 / 发报行：工商银行通州支行
收款人户名：北京长城旅行社有限公司
收款人账号：4108645732577
收款人开户银行：工商银行通州支行
币种：　人民币（本位币）　　金额（小写）：8 000.00
金额（大写）捌仟元整
凭证种类：　　凭证号码：
业务（产品）种类：同行汇款　　摘要：　团费
交易机构号 622216　记账柜员号：00014　交易代码：52005　用途：
附言：旅费
支付交易序号：11000452 报文种类：00100 委托日期：2011-12-3
业务种类：　　收款人地址：
付款人地址：

打印次数：　1　次　机打回单注意重复　打印日期：2011-12-3　打印柜员：02021

北京市服务业、娱乐业、文化体育业专用发票

BEIJING SPECIAL INVOICE FOR SERVICE INDUSTRY ENTERTAINMENT INDUSTRY AND PHYSICAL CULTURE INDUSTRY

记　账　联

ENTRY

发票代码 INVOICE CODE 211000672150
发票号码 INVOICE NO. 18970889
密　码 PASSWORD
信息码 INF. NUMBER 2014060205

54067214-01018639-70885015

税务登记号 TAX REGISTRY NO.：110880202045871
收款单位 PAYEE：北京长城旅行社有限公司
付款单位(个人) PAYER：北京京华公司

项目 Item	单价 UNIT PRICE	数量 QUANTITY	金额 AMOUNT CHARGED
综合服务费	8 000.00	1	8 000.00
小写合计 TOTAL IN FIGURES	￥8 000.00		
大写合计 TOTAL IN CAPITAL	捌仟元整		

二 记账联

机打号码 Printed No.　18970889
机器编码 Machine No.　008510220901
税控码 Tax control No.　1009 1935 9417 4607 5884

收款员 Cashier
开票日期 Date issued　2011/12/03
收款单位（盖章有效）Payee (seal)　税控机打发票手开无效 Printed by receiver, hand-writing invalid

【例 11】长城旅行社 2011 年 12 月 1 日，为中信公司组团 20 人赴欧洲旅游，每人价格为 15 000 元。该社为了及早回收团款，在合同中规定符合现金折扣的条件为：1/10、0.5/20、n/30。12 月 13 日该团返回，根据“结算通知单”确认营业收入。账务处理如下。

借：应收账款 300 000

贷：主营业务收入 300 000

附单据 1 张：结算通知单 1 张。

欧洲旅游团结算通知单

致：中信公司　　填发日期 2011 年 12 月 13 日　　编号：45864

国别 / 地区　中国	旅游人数 20
旅行团（者）名称：A201	旅游等级
	旅游起讫日期 2011.12.4–2011.12.12
费用内容	金额 / 人民币
1．综合服务费	¥ 100 000
2．住宿费	¥ 100 000
3．餐费	¥ 50 000
4．城市间交通费	¥ 50 000
应付我公司总额	¥ 300 000
已收到	¥ 0
尚需付款	¥ 300 000
备注	
银行账号及开户银行	工商银行

【例 12】接上例，2011 年 12 月 15 日，中信公司付清欠旅行社的团款，则按总价 300 000 元的 1% 享受 3 000 元的现金折扣 (300 000 × 1%=3 000)，实际支付 297 000 元，折扣部分计入财务费用。账务处理如下。

借：银行存款 297 000

财务费用 3 000

贷：应收账款 300 000

附单据 2 张：银行收款凭证 1 张，发票 1 张。

ICBC 中国工商银行　　业务回单（收款）凭证

入账日期：2011-12-15　　回单编号：11271000016
付款人户名：北京市中信公司
付款人账号：110010545479856
付款人开户行 / 发报行：工商银行通州支行
收款人户名：北京长城旅行社有限公司
收款人账号：4108645732577
收款人开户银行：工商银行通州支行
币种：　人民币（本位币）　　金额（小写）：297 000.00
金额（大写）贰拾玖万柒仟元整
凭证种类：　　凭证号码：
业务（产品）种类：同行汇款　　摘要：　团费
交易机构号 622217　记账柜员号：00015　交易代码：52007　用途：
附言：旅费
支付交易序号：11000458 报文种类：00100 委托日期：2011-12-15
业务种类：　　收款人地址：
付款人地址：

打印次数：　1　次　机打回单注意重复　打印日期：2011-12-15　打印柜员：02021

北京市服务业、娱乐业、文化体育业专用发票

BEIJING SPECIAL INVOICE FOR SERVICE INDUSTRY ENTERTAINMENT INDUSTRY AND PHYSICAL CULTURE INDUSTRY

记　账　联

ENTRY

发票代码 211000672155
INVOICE CODE
发票号码 18970890
INVOICE NO.
密　码 
PASSWORD
信息码 2014060205
INF. NUMBER

54067214-01018639-70885015

税务登记号：110880202045871
TAX REGISTRY NO.
收款单位：北京长城旅行社有限公司
PAYEE
付款单位(个人)：北京中信公司
PAYER

项目 Item	单价 UNIT PRICE	数量 QUANTITY	金额 AMOUNT CHARGED
团费	297 000.00	1	297 000.00
小写合计 TOTAL IN FIGURES	¥ 297 000.00		
大写合计 TOTAL IN CAPITAL	贰拾玖万柒仟元整		

二 记账联

机打号码 18970890
Printed No.
机器编码 008510220901
Machine No.
税控码 1009 1935 9417 4607 5884
Tax control No.

收款员
Cashier
开票日期 2011/12/15
Date issued
收款单位（盖章有效） 税控机打发票手开无效
Payee (seal)　Printed by receiver, hand-writing invalid

（五）应收票据业务

【例 13】2011 年 12 月 5 日，长城旅行社收到东方公司签发并承兑的带息商业汇票，金额为 25 000 元，期限为 1 个月，系支付员工集体旅游团费。账务处理如下。

借：应收票据——面值　　25 000

　　贷：主营业务收入　　25 000

附单据 2 张：商业承兑汇票卡片 1 张，发票 1 张。

商业承兑汇票（卡片） 1 № 56897412

出票日期（大写） 贰零壹壹年壹拾贰月零伍日

付款人	出票人全称	北京东方有限公司	收款人	全　称	北京长城旅行社有限公司
	出票人账号	252216474646464		账　号	4108645732577
	付款行全称	工商银行北京市朝阳支行		开户银行	工商银行北京市通州支行
出票金额	人民币（大写） 贰万伍仟元整		亿千百十万千百十元角分	¥ 2 5 0 0 0 0 0	
汇票到期日（大写）	贰零壹贰年零壹月零伍日	付款人开户行	行号	100101	
交易合同号码	474646761457		地址	北京市通州区 52 号	
出票人签章		备注：			

此联承兑人留存

北京市服务业、娱乐业、文化体育业专用发票

BEIJING SPECIAL INVOICE FOR SERVICE INDUSTRY ENTERTAINMENT INDUSTRY AND PHYSICAL CULTURE INDUSTRY

记 账 联

ENTRY

发票代码 INVOICE CODE 21100067246[illegible]

发票号码 INVOICE NO. 18970891

密码 PASSWORD [illegible]

信息码 INF. NUMBER 2014060205

54067214-01018639-70885015

税务登记号：110880202045871 TAX REGISTRY NO.

收款单位：北京长城旅行社有限公司 PAYEE

付款单位(个人)：北京东方有限公司 PAYER

项目 Item	单价 UNIT PRICE	数量 QUANTITY	金额 AMOUNT CHARGED
团费	25 000.00	1	25 000.00
小写合计 TOTAL IN FIGURES	¥ 25 000.00		
大写合计 TOTAL IN CAPITAL	贰万伍仟元整		

二 记账联

机打号码 Printed No. 18970891

机器编码 Machine No. 008510220901

税控码 Tax control No. 1009 1935 9417 4607 5884

收款员 Cashier

开票日期 Date issued 2011/12/05

收款单位（盖章有效） Payee (seal)

税控机打发票手开无效 Printed by receiver, hand-writing invalid

【例 14】2011 年 12 月 6 日，北京长城旅行社将 12 月 5 日收到的北京东方公司的带息商业汇票，向银行申请贴现，月贴现率为 6%，该汇票金额为 25 000 元，月利率为 5.7%，到期日为 2012 年 1 月 5 日。账务处理如下。

汇票到期值：$25\ 000+25\ 000\times 5.7\%\times\frac{30}{30}=26\ 425$（元）

汇票贴现利息：$26\ 425\times 6\%\times\frac{30}{30}=1\ 585.5$（元）

实收贴现值 = 26 425 −1 585.5= 24 839.5（元）

根据计算结果，作分录如下：

借：银行存款　　24 839.5

　　财务费用——利息支出　　160.5

　　贷：应收票据——东方公司　　25 000

附单据 1 张：贴现凭证收账通知 1 张。

贴现凭证（收账通知）

申请日期 2011 年 12 月 6 日　　　　第　号

<table>
<tr><td rowspan="3">贴现票据</td><td>种类</td><td>银行承兑汇票</td><td>号码</td><td>654645</td><td rowspan="3">持票人</td><td>名称</td><td colspan="2">北京长城旅行社有限公司</td></tr>
<tr><td>出票日</td><td colspan="3">2011 年 12 月 5 日</td><td>账号或地址</td><td colspan="2">4108645732577</td></tr>
<tr><td>到期日</td><td colspan="3">2012 年 1 月 5 日</td><td>开户银行</td><td colspan="2">工商银行通州支行</td></tr>
<tr><td colspan="2">汇票承兑人名称</td><td colspan="4">北京东方有限公司</td><td>开户银行</td><td colspan="2">工商银行</td></tr>
<tr><td colspan="2">汇票金额</td><td colspan="5">人民币
（大写）贰万伍仟元整</td><td colspan="2">百 十 万 千 百 十 元 角 分
　 ¥ 2 5 0 0 0 0 0</td></tr>
<tr><td>贴现率</td><td>6%</td><td>贴现息</td><td colspan="3">十 万 千 百 十 元 角 分
　 ¥ 1 5 8 5 5 0</td><td>实付贴现金额</td><td colspan="2">百 十 万 千 百 十 元 角 分
　 ¥ 2 4 8 3 9 5 0</td></tr>
<tr><td colspan="7">贴现款已入你的单位账户。
银行盖章
2011 年 12 月 6 日</td><td colspan="2">备注：</td></tr>
</table>

此联银行给持票人的收款凭证

（六）预付账款业务

【例 15】2011 年 12 月 7 日，预付中信律师事务所律师费，签发一张 5 000 元的转账支票。账务处理如下。

借：预付账款——中信律师事务所　　5 000

　　贷：银行存款　　5 000

附单据 2 张：发票 1 张，转账支票存根 1 张。

北京市服务业、娱乐业、文化体育业专用发票

BEIJING SPECIAL INVOICE FOR SERVICE INDUSTRY ENTERTAINMENT INDUSTRY AND PHYSICAL CULTURE INDUSTRY

发　票　联

INVOICE

发票代码 211000672467
INVOICE CODE
发票号码 97088511
INVOICE NO.
密　　码 [illegible]
PASSWORD
信 息 码 2014060205
INF. NUMBER

54067214-01018639-70885015

税务登记号：110880202044545
TAX REGISTRY NO.
收款单位：北京中信律师事务所
PAYEE
付款单位(个人)：北京长城旅行社有限公司
PAYER

项　目 Item	单　价 UNIT PRICE	数　量 QUANTITY	金　额 AMOUNT CHARGED
律师费	5 000.00	1	5 000.00
小写合计 TOTAL IN FIGURES	¥ 5 000.00		
大写合计 TOTAL IN CAPITAL	伍仟元整		

第一联 发票联

机打号码 97088511
Printed No.
机器编码 008510220912
Machine No.
税控码 1009 1935 9417 4607 5884
Tax control No.

收款员
Cashier
开票日期 2011/12/07
Date issued
收款单位（盖章有效） 税控机打发票手开无效
Payee (seal) Printed by receiver, hand-writing invalid

中国工商银行 (京)
转账支票存根

$\frac{E}{0}\frac{G}{2}$ 01479258

附加信息

出票日期　2011年12月7日

收款人：北京中信律师事务所
金　额：¥5 000.00
用　途：支付律师费

单位主管　张娜　　　会计　王平

【例16】2011年12月7日，用现金支付下季度报刊费200元。账务处理如下。

借：预付账款　　200

　　贷：库存现金　　200

附单据 2 张：发票 1 张，现金支出凭单 1 张。

北京市邮电通信业、金融保险业专用发票

BEIJING SPECIAL INVOICE FOR POST AND TELEXOMMUNICATION, FINANCE AND INSURANCE INDUSTRY

发　票　联

INVOICE

发票代码 211000672225
INVOICE CODE
发票号码 44451157
INVOICE NO.
密　　码
PASSWORD
信息码 2014060205
INF. NUMBER

税务登记号：110880202044578
TAX REGISTRY NO.

收款单位：北京市通州邮政局
PAYEE

付款单位（个人）：北京长城旅行社有限公司
PAYER

经营项目 Service item	金额 Amount charged
报刊费	¥200.00
金额合计（人民币大写）贰佰元整 Total amount(in letters)	¥200.00
机打票号 Printing No. 44451157	税控装置号 Receiver No 1000005511454
税控装置防伪码 Anti-forgery Code 6078212551	开票日期 Date issued 2011-12-07

一发票联

收款单位（盖章有效）
Payee (seal)

税控机打发票手开无效
Printed by receiver, hand-writing invalid

现金支出凭单

2011 年 12 月 7 日

部门		项目名称		预算科目	
摘要及用途	支付报刊费				
金额	人民币（大写）贰佰元整　¥200.00				
备注					
领导批示　张长城		财务主管　李　娜		部门主管　钱　学	

会计：王平　　出纳：王丽　　证明 / 验收人：　　经手人：　　领款人：陈林

（七）其他应收款业务

【例 17】2011 年 12 月 7 日，导游尚雪莹向财会部门预领旅游费 6 000 元，收到财会部门拨付现金后带 A101 团出发。账务处理如下。

借：其他应收款——尚雪莹　　6 000

　　贷：库存现金　　6 000

附单据 2 张：借支单 1 张，现金支出凭单 1 张。

借支单

2011 年 12 月 7 日

工作部门	项目部	职务	组长	姓名	尚雪莹	盖章
借支金额	（人民币）陆仟元整				¥ 6 000.00	
借款原因	带团备用					
还款日期	2011 年 12 月 10 日					
批核	同意借支					

会计：王平　　出纳：王丽　　制单：张凤

现金支出凭单

2011 年 12 月 7 日

部门		项目名称		预算科目	
摘要及用途	支付旅游费				
金额	人民币（大写） 陆仟元整　　¥ 6 000.00				
备注					
领导批示　张长城		财务主管　李　娜		部门主管　李　严	

会计：王平　　出纳：王丽　　证明 / 验收人：　　经手人：　　领款人：尚雪莹

【例 18】2011 年 12 月 8 日，王经理出差预借差旅费 5 000 元。账务处理如下。

借：其他应收款——王伟　　5 000

　　贷：库存现金　　5 000

附单据 2 张：借支单 1 张，现金支出凭单 1 张。

借　支　单

2011 年 12 月 8 日

工作部门	行政管理部	职务	部长	姓名	王伟	盖章
借支金额	（人民币）伍仟元整				¥5 000.00	
借款原因	出差备用					
还款日期	2011 年 12 月 10 日					
批核	同意借支					

会计：王平　　出纳：李伟　　制单：王伟

现金支出凭单

2011 年 12 月 8 日

部门	行政部	项目名称	差旅费	预算科目	
摘要及用途	支付预借差旅费				
金额	人民币（大写）　伍仟元整　　¥5 000.00				
备注					
领导批示　张长城		财务主管　李　娜		部门主管　王　伟	

会计：王平　　出纳：王丽　　证明 / 验收人：　　经手人：　　领款人：王伟

【例 19】2011 年 12 月 10 日，王经理报销差旅费共计 3 000 元，其余款项退回。账务处理如下。

借：管理费用——差旅费　　3 000
　　库存现金　　2 000
　　贷：其他应收款　　5 000
附单据 2 张：差旅费报销单 1 张，收据 1 张。

差旅费报销单

部门：行政部　　　　填报日期：2011 年 12 月 10 日

<table>
<tr><td>出 差 人</td><td>王伟</td><td colspan="2">共 1 人</td><td>职 务</td><td colspan="2">经理</td><td colspan="2">部门</td><td>行政管理</td><td>审批人</td><td>张娜</td></tr>
<tr><td>出差事由</td><td colspan="5">到总部开会</td><td rowspan="2">出差起止日期</td><td colspan="5" rowspan="2">自 2011 年 12 月 8 日起
至 2011 年 12 月 10 日止共 2 天</td></tr>
<tr><td>到达地点</td><td colspan="5">广州</td></tr>
<tr><td rowspan="3">项目金额</td><td colspan="5">交 通 工 具</td><td colspan="3">其 他</td><td>住宿费</td><td colspan="2">出差补助</td></tr>
<tr><td>火 车</td><td>汽 车</td><td>轮 船</td><td>飞 机</td><td>市内交通费</td><td>餐饮费</td><td>会议费</td><td>保险费</td><td>住宿 2 天</td><td>天数</td><td>金 额</td></tr>
<tr><td></td><td></td><td></td><td>1 000.00</td><td>100.00</td><td>750.00</td><td></td><td>50.00</td><td>1 000.00</td><td>2</td><td>100.00</td></tr>
<tr><td colspan="12">总计人民币（大写）叁仟元整　　¥ 3 000.00</td></tr>
<tr><td colspan="3">原借款金额</td><td colspan="3">报销金额</td><td colspan="6">交结余金额人民币（大写）贰仟元整　　¥ 2 000.00</td></tr>
<tr><td colspan="3">5 000.00</td><td colspan="3">3 000.00</td><td colspan="6">支超支金额人民币（大写）</td></tr>
</table>

会计主管：张娜　　会计：王平　　出纳员：王丽　　出差人：张伟

收　据

2011 年 12 月 10 日　　　　No：023018

今收到　王伟

交来　预借差旅费余额 2 000 元

人民币（大写）　贰仟元整　　¥ 2 000.00

三 记账联

收款人：王平　　　　交款人：王伟

（八）存货业务

1. 库存商品业务

【例 20】2011 年 12 月 10 日，长城旅行社购进一批纪念品，货款 9 360 元，货款已用银行存款支付。账务处理如下。

借：库存商品　　9 360

　　贷：银行存款　　9 360

附单据 3 张：发票 1 张，转账支票存根 1 张，入库单 1 张。

北京市国家税务局通用机打发票

发票联

发票代码 111001172100

发票号码 00532520

开票日期：2011 年 12 月 10 日　　行业分类：商业　　机打号码：00532520

客户名称（全称）：北京长城旅行社有限公司　　支票号码：01479553

商品名称	规格	单位	数量	单价	金额
A 工艺品		件	200	46.8	¥9 360.00

人民币合计（大写）玖仟叁佰陆拾元整　　（小写）¥9 360.00

开票单位（盖章）北京工艺品批发公司　　开票人：刘 留　　税务登记号 110223601145612

第一联　发票联（购货单位付款凭证）（手开无效）

发票密码

中国工商银行（京）

转账支票存根

$\frac{E}{0}\frac{G}{2}$ 01479553

附加信息

出票日期　2011 年 12 月 10日

收款人：北京工艺品批发公司

金　额：¥9 360.00

用　途：支付货款

单位主管 张娜　　会计 王平

入 库 单

供货单位：北京工艺品批发公司

发票号码：00532520　　　　2011 年 12 月 10 日

产品编号	产品名称	规格	单位	数量		单价	金额
				应收	实收		
101	工艺品		件	200	200	46.8	9 360.00

主管：　　　　记账：　　　　制单人：张强

【例 21】2011 年 12 月 11 日，财产清查中，盘盈库存商品 2 000 元，无法查明原因，经批准冲减管理费用。账务处理如下。

借：库存商品　　2 000

　　贷：管理费用　　2 000

附单据 2 张：存货盘点报告表 1 张，商品溢余报销单 1 张。

存货盘点报告表

盘点区号　　　　盘点日期：2011 年 12 月 11 日

组别

□原材料 □在制品 □废料 ☑成品	编号　101 品名　工艺品 规格 单位　件	
盘点时本物位置：		
盘点数量：　　　更正：		
存货状况 □良料 □ 料 □废料 ☑其他	备注： 盘盈 2 000 元	
复核员	记录员	盘点员
王平		张强

注：本单位应事先编号，以利控制。

商品溢余报销单

2011 年 12 月 11 日

品号	品名	单位	数量	零售单价	零售金额	报销理由
101	工艺品	件	50	40	2000	产品盘盈无法查明原因，冲减管理费用
						王平
合计					2 000.00	2011.12.11

经理：张伟　　财会：王平　　部门负责人：李娜　　组长　　实物负责人：张强

2. 周转材料业务

【例 22】2011 年 12 月 12 日，购入纸杯、客用服装等低值易耗品一批，实际成本为 7 500 元（其中包括进项税额 1 090 元）款项用银行存款支付。账务处理如下。

借：周转材料——低值易耗品　　　　7 500

　　贷：银行存款　　　　7 500

附单据 3 张：发票 1 张，转账支票存根 1 张，入库单 1 张。

北京市国家税务局通用机打发票

发票联

发票代码 1110011721003

发票号码 00532521

开票日期：2011 年 12 月 12 日　　行业分类：商业　　机打号码：00532521

客户名称（全称）：北京长城旅行社有限公司　　支票号码：01479554

商品名称	规格	单位	数量	单价	金额
纸杯		件	300	10	¥ 3 000.00
客服		件	150	30	¥ 4 500.00

人民币合计（大写）柒仟伍佰元整　　（小写）¥ 7 500.00

开票单位（盖章）北京八里桥商品批发公司　　开票人：张 风　　税务登记 110223601147100

第一联 发票联 购货单位付款凭证（手开无效）

发票密码

中国工商银行 (京)
转账支票存根

$\frac{E}{0}\frac{G}{2}$ 01479554

附加信息

出票日期 2011 年 12 月 12日

收款人：北京八里桥商品批发公司
金　额：¥7 500.00
用　途：支付货款

单位主管 张娜　　会计 王平

入　库　单

供货单位：北京八里桥商品批发公司

发票号码：00532521　　2011 年 12 月 12 日

产品编号	产品名称	规格	单位	数量		单价	金额
				应收	实收		
101	纸杯		件	300	300	10	3 000.00
102	客服		件	150	150	30	4 500.00

主管：　　记账：　　制单：张强

【例 23】2011 年 12 月 13 日，公司管理部门领用 A 商品一批，成本为 1 500 元，采用一次摊销法。账务处理如下。

借：管理费用　　1 500

　　贷：周转材料——低值易耗品　　1 500

附单据 2 张：领料单 1 张，摊销分期低值易耗品计算单 1 张。

领料单

编号：246546764

编制部门：仓库　　2011 年 12 月 13 日　　金额单位：元

用途	材料名称	数量（件）		实际成本		领用部门
		请领	实领	单位实际成本	金额	
A 商品	低值易耗品	150	150	10.00	1 500.00	管理部门
合计		150	150	10.00	1 500.00	

仓库主管：李娜　会计：王平　保管员：张强　领料人：胡伟　制单：张强

摊销低值易耗品计算单

编制部门：财务部　　2011 年 12 月 13 日　　金额单位：元

用途	材料名称	数量（件）	实际成本	摊销金额	领用部门
纸杯	低值易耗品	150	1 500.00	1 500.00	管理部门
合计		150	1 500.00	1 500.00	

仓库主管：李娜　会计：王平　保管员：张强　领料人：胡伟　制单：张强

二、非流动资产业务

（一）固定资产业务

【例 24】2011 年 12 月 13 日，行政管理部门购入打印机一台，价值 7 000 元，开出转账支票支付款项。账务处理如下。

借：固定资产 7 000

　　贷：银行存款 7 000

附单据 3 张：发票 1 张，转账支票存根 1 张，固定资产入库单 1 张。

北京增值税普通发票　　№ 13167330

发　票　联

开票日期：　2011 年　12　月 13 日

<table>
<tr><td>购货单位</td><td colspan="5">名　　　称：北京长城旅行社有限公司
纳税人识别号：
地 址、电 话：
开户行及账号：</td><td>密码区</td><td colspan="2">(略)</td></tr>
<tr><td colspan="2">货物及应税劳务名称</td><td>规格型号</td><td>单位</td><td>数量</td><td>单价</td><td>金 额</td><td>税率</td><td>税额</td></tr>
<tr><td colspan="2">打印机</td><td></td><td>台</td><td>1</td><td>5 982.91</td><td>5 982.91</td><td>17%</td><td>1 017 09</td></tr>
<tr><td colspan="2">合　　计</td><td></td><td></td><td></td><td></td><td>¥5 982.91</td><td></td><td>¥1 017.09</td></tr>
<tr><td colspan="2">价税合计（大写）</td><td colspan="7">柒仟元整　　　　(小写) ¥7 000.00</td></tr>
<tr><td>销货单位</td><td colspan="5">名　　　称：北京晨光办公用品有限公司
纳税人识别号：110467410431144
地 址、电 话：北京市海淀区154号　　010-86958868
开户行及账号：工行北京市通州支行　1189000056892</td><td>备注</td><td colspan="2"></td></tr>
</table>

收款人：　　　复核：　　　开票人：李晓　　　销货单位（章）：

第二联　发票联　付款方记账凭证

中国工商银行 (京)
转账支票存根

$\frac{E}{0}\frac{G}{2}$ 01479555

附加信息

出票日期　2011 年 12 月 13日

收款人：北京晨光办公用品有限公司
金　额：¥7 000.00
用　途：支付货款

单位主管 张娜　　　会计 王平

固定资产入库单

供货单位：北京晨光办公用品有限公司　　　　　　　　　　　　　　　凭证编号：56

发票号码：13167330　　　　　　　　2011 年 12 月 13 日　　　　　　　产品仓库：3 号

产品编号	产品名称	规格	单位	数量		单价	金额
				应收	实收		
103	打印机		台	1	1	7 000	7 000.00

主管：　　　　　　　　　　　　　记账：　　　　　　　　　　　　制单：张强

【例 25】2011 年 12 月 13 日，接受某投资者投入大客车一辆，双方确认的价值为 1 200 000 元，并验收使用。账务处理如下。

借：固定资产　　　　　　　　　　　　　　　　1 200 000

　　贷：实收资本　　　　　　　　　　　　　　　　　1 200 000

附单据 2 张：固定资产入库单 1 张，发票 1 张。

机动车销售统一发票

AUTOBOBILE SALES INVOICE

发　票　联

I N V O I C E

发票代码：1100171900

发票号码：00417820

2011 年 12 月 13 日

购货单位（人）	北京长城旅行社有限公司		身份证号码／组织机构代码		
车辆类型	客车	厂牌型号		产地	中国北京
合格证号	1377918	进口证明书号		商检单号	
发动机号码	××757083		车架号码／车辆识别代码	739783	
数量　壹	单价	1 025 641.03		合同单号	20111213×75
价外费用　名称	增值税		费		费
价外费用　金额	174 358.97				
价费合计金额	（大写）壹佰贰拾万元整			¥ 1 200 000.00	
销货单位名称	北京现在汽车销售公司	地址		电话	
纳税人识别号	7897788	开户银行	89897887	账号	58767655666
备注	一车一票，机用发票手开无效	审核单位（盖章）			

第二联　发票联

销货单位：　　　　　　　　　　开票人：李娜　　　　　　　　收款人：

固定资产入库单

供货单位：北京现代汽车销售公司　　　　　　　　　　　　凭证编号：

发票号码：00417820　　　　2011 年 12 月 13 日　　　　产品仓库：3 号

产品编号	产品名称	规格	单位	数量		单价	金额
				应收	实收		
104	客车		辆	1	1	1 200 000	1 200 000.00

主管：　　　　　　　　　　记账：　　　　　　　　　　制单：张强

（二）无形资产业务

【例26】2011年12月14日，长城旅行社购入一项无形资产，价款60 000元，咨询费3 000元，均以银行存款支付。账务处理如下。

借：无形资产　　　　　　　　63 000

　贷：银行存款　　　　　　　　63 000

附单据5张：发票2张，转账支票存根2张，资产评估报告书1张。

北京市交通运输业、建筑业、销售不动产和转让无形资产专用发票

BEIJING SPECIAL INVOICE FORTRAFFIC TRANSPORTATION INDUSTRY, CONSTRUCTION INDUSTRY, REALTY SELLING AND FINANCE ANDINCORPOREAL ASSET TRANSFERRING

发　票　联

INVOICE

发票代码 INVOICE CODE 211000672151

发票号码 INVOICE NO. 74578852

密码 PASSWORD

信息码 INF.NUMBER 2014060205

税务登记号：110108802020445
TAX REGISTRYNO.

收款单位：北京市金山有限公司
PAYEE

付款单位（个人）：北京长城旅行社有限公司
PAYER

经营项目 Service item	金额 Amount charged
商标权	¥60 000.00

金额合计（人民币大写）陆万元整　　¥60 000.00
Total amount(in letters)

机打票号 Printing No. 74578852

税控装置防伪码 Anti-forgery Code 6078212552

税控装置号 Receiver No 1000005511455

开票日期 Date issued 2011-12-14

第一联 发票联

收款单位（盖章有效）
Payee (seal)

税控机打发票手开无效
Printed by receiver, hand-writing invalid

中国工商银行
转账支票存根 (京)

$\frac{E}{0}\frac{G}{2}$ 01479556

附加信息

出票日期 2011年12月14日

收款人：北京金山有限公司
金　额：¥60 000.00
用　途：购买无形资产

单位主管 张娜　　会计 王平

中信会计师事务所
资产评估报告书

（正文略）　　中信验定第497446号

经查验，截止至2011年12月14日收到北京金山有限公司商标权明细如下：

项目	原值	折旧	净值	评估价值
商标权				60 000.00
合计				60 000.00

特此报告。

资产评估师 张云
资产评估师 李红

中信会计师事务所
（盖章）　　2011年12月14日

北京市服务业、娱乐业、文化体育业专用发票

BEIJING SPECIAL INVOICE FOR SERVICE INDUSTRY ENTERTAINMENT INDUSTRY AND PHYSICAL CULTURE INDUSTRY

发 票 联

INVOICE

发票代码 211000672468
INVOICE CODE
发票号码 08852579
INVOICE NO.
密 码 [redacted]
PASSWORD
信息码 2014060205
INF. NUMBER

54067214-01018639-70885015

税务登记号：110108802020445
TAX REGISTRY NO.

收款单位：北京中信会计事务所
PAYEE

付款单位(个人)：北京长城旅行社有限公司
PAYER

项目 Item	单价 UNIT PRICE	数量 QUANTITY	金额 AMOUNT CHARGED
咨询费	3 000.00	1	3 000.00
小写合计 TOTAL IN FIGURES	¥ 3 000.00		
大写合计 TOTAL IN CAPITAL	叁仟元整		

一发票联

机打号码 Printed No. 08852579
机器编码 Machine No. 008510220912
税控码 Tax control No. 1009 1935 9417 4607 5884

收款员 Cashier
开票日期 Date issued 2011/12/14
收款单位（盖章有效）Payee (seal)
税控机打发票手开无效 Printed by receiver, hand-writing invalid

中国工商银行 (京)
转账支票存根

$\frac{E}{0}\frac{G}{2}$ 01479557

附加信息

出票日期 2011 年 12 月 14日

收款人：北京中信会计师事务所
金　额：¥3 000.00
用　途：支付咨询费

单位主管 张娜　　　会计 王平

【例 27】2011 年 12 月 14 日，长城旅行社向大华公司出租一项专利权，取得租金 6 000 元，不提供后续服务。收到租金存入银行。账务处理如下。

借：银行存款　　6 000

　　贷：其他业务收入　　6 000

附单据 2 张：银行收款凭证 1 张，发票 1 张。

ICBC 中国工商银行　　业务回单（收款）凭证

入账日期：2011-12-14　　回单编号：11271000017
付款人户名：北京市大华公司
付款人账号：20001002046464
付款人开户行 / 发报行：工商银行通州支行
收款人户名：北京长城旅行社有限公司
收款人账号：4108645732577
收款人开户银行：工商银行通州支行
币种：　人民币（本位币）　　金额（小写）：6 000.00
金额（大写）陆仟元整
凭证种类：　　凭证号码：
业务（产品）种类：同行汇款　　摘要：　团费
交易机构号 622218　记账柜员号：00016　交易代码：52008　用途：
附言：旅费
支付交易序号：11000459 报文种类：00100 委托日期：2011-12-14
业务种类：　　收款人地址：
付款人地址：

打印次数：　1　次　机打回单注意重复　打印日期：2011-12-14　打印柜员：02021

北京市服务业、娱乐业、文化体育业专用发票

BEIJING SPECIAL INVOICE FOR SERVICE INDUSTRYENTERTAINMENT INDUSTRY AND PHYSICALCULTURE INDUSTRY

记　账　联

ENTRY

发票代码 211000672468
INVOICE CODE
发票号码 52579088
INVOICE NO.
密　码 [illegible]
PASSWORD
信息码 2014060205
INF.NUMBER

54067214-01018639-70885015

税务登记号：110880202045871
TAX REGISTRYNO.
收款单位：北京长城旅行社有限公司
PAYEE
付款单位(个人)：北京市大华公司
PAYER

项　目 Item	单　价 UNIT PRICE	数　量 QUANTITY	金　额 AMOUNT CHARGED
出租无形资产	6 000.00	1	6 000.00
小写合计 TOTAL IN FIGURES　¥ 6 000.00			
大写合计 TOTAL IN CAPITAL　陆仟元整			

二记账联

机打号码　52579088
Printed No.
机器编码　008510220912
Machine No.
税控码　1009 1935 9417 4607 5884
Tax control No.

收款员
Cashier
开票日期　2011/12/14
Date issued
收款单位（盖章有效）　税控机打发票手开无效
Payee (seal)　Printed by receiver,hand-writing invalid

（三）长期待摊费用业务

【例 28】2011 年 12 月 15 日，长城旅行社租入办公楼，租赁期为 2 年，租入后进行装修的费用为 20 000 元，以银行存款支付。账务处理如下。

借：长期待摊费用　　20 000

　　贷：银行存款　　20 000

附单据 3 张：房屋装修费摊销表 1 张，转账支票存根 1 张，发票 1 张。

长期待摊费用——房屋装修费摊销表

2011 年 12 月 15 日

项目	金额	摊销期限	月摊销额	剩余金额
房屋装修费	20 000.00	24 个月	833.33	0
合计	20 000.00		833.33	

审批：李娜　　　　制表：王平

中国工商银行
转账支票存根　（京）

$\frac{E}{0}\frac{G}{2}$ **01479558**

附加信息

出票日期　2011 年 12 月 15日

收款人：北京宏泰房地产公司
金　额：¥20 000.00
用　途：支付房屋装修费

单位主管　张娜　　　会计　王平

北京市交通运输业、建筑业、销售不动产和转让无形资产专用发票
BEIJING SPECIAL INVOICE FORTRAFFIC TRANSPORTATION INDUSTRY, CONSTRUCTION INDUSTRY, REALTY SELLING AND FINANCE ANDINCORPOREAL ASSET TRANSFERRING

发 票 联
INVOICE

发票代码 INVOICE CODE 211000672151
发票号码 INVOICE NO. 52157457
密码 PASSWORD
信息码 INF.NUMBER 2014060205

税务登记号：110108802045775
TAX REGISTRYNO.
收款单位：北京市宏泰房地产公司
PAYEE
付款单位（个人）：北京长城旅行社有限公司
PAYER

经营项目 Service item	金额 Amount charged
装修费	¥20 000.00
金额合计（人民币大写）贰万元整 Total amount(in letters)	¥20 000.00
机打票号 Printing No. 51157457	税控装置号 Receiver No 1000005511455
税控装置防伪码 Anti-forgery Code 6078212552	开票日期 Date issued 2011-12-15

收款单位（盖章有效）
Payee (seal)

税控机打发票手开无效
Printed by receiver, hand-writing invalid

发票联

三、流动负债业务

（一）应交税费业务

1. 营业税业务

【例 29】2011 年 11 月长城旅行社实现营业收入 560 000 元，适用的营业税税率为 5%，12 月 15 日，交纳上月计提的营业税 28 000 元。账务处理如下。

借：应交税费——应交营业税　　28 000

　　贷：银行存款　　28 000

附单据 2 张：税收缴款书 1 张，电子缴税付款凭证 1 张。

中华人民共和国
税收通用缴款书

（2011）京地完电：23745621

注册类型：　　填发日期：2011 年 12 月 15 日　　征收机关：

纳税人代码	12989913			地址	通州区运河东路 122 号	
纳税人名称	北京长城旅行社有限公司			税款所属时期	2011-11-01 至 2011-11-30	
税　种	品目名称	课税数量	计税金额或销售收入	税率或单位税额	已缴或扣除额	实缴金额
营业税			560 000	5%		28 000.00
金额合计	（大写）贰万捌仟元整					
北京市地方税务局 征税专用章	委托代征单位（人）（盖章）		填票人（章）	备注		

中国工商银行电子缴税付款凭证

ICBC 中国工商银行　　凭证

转账日期：2011 年 12 月 15 日　　凭证字号：201144225

纳税人全称及纳税人识别号：北京长城旅行社 有限公司　　110880202045871

付款人全称：北京长城旅行社有限公司　　税务机关名称：北京市通州区地方税务局

付款人账号：4108645732577　　收款国库（银行）名称：国家金库北京市通州区支库（代理）

付款人开户银行：中国工行北京市通州支行　　缴款书交易流水号：225549474464

小写（合计）金额：￥28 000.00　　税票号码：544646464131201

大写（合计）金额：贰万捌仟元整

税（费）种名称	所属日期	实缴金额
营业税	20111101—20111130	￥28 000.00

第一次打印　　打印时间：12 月 15 日 10 时 08 分

第二联　　作付款回单（无银行收讫章无效）　　复核　　记账

2. 城市维护建设税和教育费附加业务

【例 30】2011 年 12 月 15 日，本月缴纳的营业税额为 28 000 元，分别按照 7% 和 3% 的比例交纳城市维护建设税和教育费附加，金额分别为 1 960 元和 840 元。账务处理如下。

借：应交税费——应交城市维护建设税　　1 960

　　　　　——应交教育费附加　　840

　贷：银行存款　　2 800

附单据 4 张：税收缴款书 2 张，电子缴税付款凭证 2 张。

中华人民共和国
税收通用缴款书

（2011）京地完电：2374562

注册类型：　　填发日期：2011 年 12 月 15 日　　征收机关：

纳税人代码	12989913			地址	通州区运河东路 122 号	
纳税人名称	北京长城旅行社有限公司			税款所属时期	2011-11-01 至 2011-11-30	
税　种	品目名称	课税数量	计税金额或销售收入	税率或单位税额	已缴或扣除额	实缴金额
城建税			28 000	7%		1 960.00
金额合计	（大写）壹仟玖佰陆拾元整					
北京市地方税务局 征税专用章	委托代征单位（人）（盖章）	填票人（章）	备注			

中国工商银行电子缴税付款凭证

ICBC 中国工商银行　　凭证

转账日期：2011 年 12 月 15 日　　凭证字号：201144568

纳税人全称及纳税人识别号：北京长城旅行社有限公司　　110880202045871

付款人全称：北京长城旅行社有限公司　　税务机关名称：北京市通州区地方税务局

付款人账号：4108645732577　　收款国库（银行）名称：国家金库北京市通州区支库

付款人开户银行：中国工商银行北京市通州支行　缴款书交易流水号：225549474464

小写（合计）金额：￥1 960.00　　税票号码：54464646415857

大写（合计）金额：壹仟玖佰陆拾元整

税（费）种名称	所属日期	实缴金额
城建税	20111101—20111130	￥1 960.00

第一次打印　　打印时间：12 月 15 日 10 时 08 分

第二联　　作付款回单（无银行收讫章无效）　　复核　　记账

中华人民共和国
税收通用缴款书

（2011）京地完电：23745623

注册类型： 填发日期：2011 年 12 月 15 日 征收机关：

纳税人代码	12989913			地址	通州区运河东路 122 号	
纳税人名称	北京长城旅行社有限公司			税款所属时期	2011-11-01 至 2011-11-30	
税 种	品目名称	课税数量	计税金额或销售收入	税率或单位税额	已缴或扣除额	实缴金额
教育费附加			28 000	3%		840.00
金额合计	（大写）捌佰肆拾元整					
北京市地方税务局 征税专用章	委托代征单位（人）（盖章）		填票人（章）	备注		

中国工商银行电子缴税付款凭证

ICBC 中国工商银行 凭证

转账日期：2011 年 12 月 15 日 凭证字号：201144563

纳税人全称及纳税人识别号：北京长城旅行社有限公司 110880202045871

付款人全称：北京长城旅行社有限公司 税务机关名称：北京市通州区地方税务局

付款人账号：4108645732577 收款国库（银行）名称：国家金库北京市通州区支库

付款人开户银行：中国工商银行北京市通州支行 缴款书交易流水号：225549474464

小写（合计）金额：¥840.00 税票号码：54464646415202

大写（合计）金额：捌佰肆拾元整

税（费）种名称	所属日期	实缴金额
教育费附加	20111101—20111130	¥840.00

第一次打印 打印时间：12 月 15 日 10 时 08 分

第二联 作付款回单（无银行收讫章无效） 复核 记账

3. 房产税业务

【例 31】2011 年，长城旅行社拥有房产原值 900 000 元，允许减除 20% 计税，房产税年税率为 1. 2%，12 月 15 日，交纳本年度应交纳的房产税 8 640 元。账务处理如下。

应纳房产税 =900 000 ×（1−20%）×1.2%=8640（元）

借：应交税费——应交房产税　　8 640

　　贷：银行存款　　8 640

附单据 3 张：房产明细表 1 张，税收缴款书 1 张，电子缴税付款凭证 1 张。

2011 年度北京长城旅行社有限公司房产明细表

2011 年 12 月

房屋名称	建造或出租时间	房产原值	房屋面积（㎡）	房屋用途
办公楼		400 000.00	200 ㎡	行政办公
营业厅		500 000.00	300 ㎡	营业厅
合计		900 000.00	500 ㎡	

会计：王平　　记账：王平　　制单：王平

中华人民共和国
税收通用缴款书

（2011）京地完电：23745624

注册类型：　　填发日期：2011 年 12 月 15 日　　征收机关：

纳税人代码	12989913			地址	通州区运河东路 122 号	
纳税人名称	北京长城旅行社有限公司			税款所属时期	2011-01-01 至 2011-12-31	
税　种	品目名称	课税数量	计税金额或销售收入	税率或单位税额	已缴或扣除额	实缴金额
房产税			720 000	1.2%		8 640.00
金额合计	（大写）捌仟陆佰肆拾元整					
北京市地方税务局 征税专用章	委托代征单位（人）（盖章）		填票人（章）	备注		

中国工商银行电子缴税付款凭证

ICBC 中国工商银行 凭证

转账日期：2011 年 12 月 15 日　　凭证字号：2011440030

纳税人全称及纳税人识别号：北京长城旅行社有限公司　110880202045871

付款人全称：北京长城旅行社有限公司　　税务机关名称：北京市通州区地方税务局

付款人账号：4108645732577　　收款国库（银行）名称：国家金库北京市通州区支库

付款人开户银行：中国工商银行北京市通州支行　缴款书交易流水号：225549474464

小写（合计）金额：￥8 640.00　　税票号码：544646464131001

大写（合计）金额：捌仟陆佰肆拾元整

税（费）种名称　　所属日期　　实缴金额

房产税　　20110101—20111231　　￥8 640.00

第一次打印　　打印时间：12 月 15 日 10 时 08 分

第二联　作付款回单（无银行收讫章无效）　复核　记账

4. 车辆购置税业务

【例 32】2011 年 12 月，购入应税汽车一辆，支付价款 450 000 元，接受投资者投入三辆汽车，确认价值为 1 200 000 元，12 月 15 日，交纳本月应交纳的车辆购置税。账务处理如下。

应纳车辆购置税 =（450 000+1 200 000）÷（1+17%）× 10%=141 025.6（元）

借：应交税费——应交车辆购置税　　141 025.60

　　贷：银行存款　　141 025.60

附单据 2 张：税收缴款书 1 张，电子缴税付款凭证 1 张。

中华人民共和国
税收通用缴款书

（2011）京地完电：23745625

注册类型：　　填发日期：2011 年 12 月 15 日　　征收机关：

纳税人代码	12989913			地址	通州区运河东路 122 号	
纳税人名称	北京长城旅行社有限公司			税款所属时期	2011-01-01 至 2011-12-31	
税种	品目名称	课税数量	计税金额或销售收入	税率或单位税额	已缴或扣除额	实缴金额
车辆购置税			384 615.00	10%		38 461.50
车辆购置税			1 025 641.00	10%		102 564.10
金额合计	（大写）壹拾肆万壹仟零贰拾伍元陆角					
北京市地方税务局 征税专用章	委托代征单位（人）（盖章）		填票人（章）	备注		

中国工商银行电子缴税付款凭证

ICBC 中国工商银行　　凭证

转账日期：2011 年 12 月 15 日　　凭证字号：201144241

纳税人全称及纳税人识别号：北京长城旅行社有限公司　　110880202045871

付款人全称：北京长城旅行社有限公司　　税务机关名称：北京市通州区地方税务局

付款人账号：4108645732577　　收款国库（银行）名称：国家金库北京市通州区支库

付款人开户银行：中国工商银行北京市通州支行　　缴款书交易流水号：225549474464

小写（合计）金额：¥141 025.60　　税票号码：544646464131752

大写（合计）金额：壹拾肆万壹仟零贰拾伍元陆角

税（费）种名称	所属日期	实缴金额
车辆购置税	20111201—20111231	¥141 025.60

第一次打印　　打印时间：12 月 15 日 10 时 08 分

5. 车船税业务

【例 33】2011 年，长城旅行社自有小汽车 1 辆，每年税额 270 元；大客车 3 辆，每年税额 1 740 元，中型客车 3 辆，每年税额 1 440 元。12 月 15 日，交纳本年度应交纳的车船税。账务处理如下。

应交车船税 =270+1 740+1 440=3 450（元）

借：应交税费——应交车船税　　3 450

　　贷：银行存款　　3 450

附单据 3 张：机动车明细表 1 张，税收缴款书 1 张，电子缴税付款凭证 1 张。

机动车明细表

车辆类型	自重 / 座位	数量（辆）	年单位税额	应纳车船税
大型客车	35	3	580	1 740.00
中型客车	15	3	480	1 440.00
小型汽车	4	1	270	270.00
合计	50	4	1 330	3 450

审核：　　制单：王平

中华人民共和国
税收通用缴款书

（2011）京地完电：23745626

注册类型： 填发日期：2011 年 12 月 15 日 征收机关：

纳税人代码	12989913			地址	通州区运河东路 122 号	
纳税人名称	北京长城旅行社有限公司			税款所属时期	2011-01-01 至 2011-12-31	
税 种	品目名称	课税数量	计税金额或销售收入	税率或单位税额	已缴或扣除额	实缴金额
车船税	大型客车	3		580		1 740.00
车船税	中型客车	3		480		1 740.00
车船税	小型客车	1		280		270.00
金额合计	（大写）叁仟肆佰伍拾元整					
北京市地方税务局 征税专用章	委托代征单位（人）（盖章）		填票人（章）	备注		

中国工商银行电子缴税付款凭证

ICBC 中国工商银行 凭证

转账日期：2011 年 12 月 15 日 凭证字号：201144302

纳税人全称及纳税人识别号：北京长城旅行社有限公司 110880202045871

付款人全称：北京长城旅行社有限公司 税务机关名称：北京市通州区地方税务局

付款人账号：4108645732577 收款国库（银行）名称：国家金库北京市通州区支库

付款人开户银行：中国工商银行北京市通州支行 缴款书交易流水号：225549474464

小写（合计）金额：¥3 450.00 税票号码：544646464131708

大写（合计）金额：叁仟肆佰伍拾元整

税（费）种名称	所属日期	实缴金额
车船税	20110101—20111231	¥3 450.00

第一次打印 打印时间：12 月 15 日 10 时 08 分

第二联 作付款回单（无银行收讫章无效） 复核 记账

6. 城镇土地使用税业务

【例 34】2011 年，长城旅行社占用土地面积为 1 000 平方米，每平方米年税额为 15 元。12 月 15 日，交纳城镇土地使用税 15 000 元。账务处理如下。

借：应交税费——应交城镇土地使用税　　15 000

　贷：银行存款　　15 000

附单据 2 张：税收缴款书 1 张，电子缴税付款凭证 1 张。

中华人民共和国
税收通用缴款书

（2011）京地完电：23745627

注册类型：　　填发日期：2011 年 12 月 15 日　　征收机关：

纳税人代码	12989913			地址	通州区运河东路 122 号	
纳税人名称	北京长城旅行社有限公司			税款所属时期	2011-01-01 至 2011-12-31	
税　种	品目名称	课税数量	计税金额或销售收入	税率或单位税额	已缴或扣除额	实缴金额
城镇土地使用税			1 000	15		15 000.00
金额合计	（大写）壹万伍仟元整					
北京市地方税务局 征税专用章	委托代征单位（人）（盖章）		填票人（章）	备注		

中国工商银行电子缴税付款凭证

ICBC 中国工商银行　　凭证

转账日期：2011 年 12 月 15 日　　凭证字号：201144002

纳税人全称及纳税人识别号：北京长城旅行社有限公司　110880202045871

付款人全称：北京长城旅行社有限公司　　税务机关名称：北京市通州区地方税务局

付款人账号：4108645732577　　收款国库（银行）名称：国家金库北京市通州区支库

付款人开户银行：中国工商银行北京市通州支行　　缴款书交易流水号：225549474464

小写（合计）金额：¥15 000.00　　税票号码：544646464131258

大写（合计）金额：壹万伍仟元整

税（费）种名称	所属日期	实缴金额
城镇土地使用税	20110101—20111231	¥15 000.00

第一次打印　　打印时间：12 月 15 日 10 时 08 分

第二联　作付款回单（无银行收讫章无效）　复核　记账

（二）短期借款业务

【例 35】长城旅行社于 12 月 15 日，向银行借入 200 000 元的短期借款，期限为 3 个月，年利率为 6%，该借款到期后按期如数归还，利息分月预提，按季支付。账务处理如下。

借：银行存款　　200 000

　贷：短期借款　　200 000

附单据 1 张：银行借款凭证 1 张。

中国工商银行借款凭证（回单）③

单位编号：0201　　日期：2011 年 12 月 15 日　　银行编号：3863

借款人	名　称	工商银行北京通州支行	收款人	名　称	北京长城旅行社有限公司
	账　号	563986353232		账　号	4108645732577
	开户银行	中国工商银行北京市通州支行		开户银行	中国工商银行北京市通州支行

借款期限（最后还款日）	2012 年 3 月 15 日	利率	6%	起息日期	2011 年 12 月 15 日

		千	百	十	万	千	百	十	元	角	分
借款申请金额	人民币 （大写）贰拾万元整		¥	2	0	0	0	0	0	0	0
借款原因及用途	周转　　银行核定金额		¥	2	0	0	0	0	0	0	0

期限	计划还款日期	√	计划还款金额	分次还款记录	期次	还款日期	还款金额	结欠
1								
2								
3								
4								

备注：	上述借款业已同意贷给并转入你单位往来账户，借款到期时应按期归还。此致 借款单位 （银行盖章）2011 年 12 月 15 日

此联转账后退还借款单位

【例 36】2011 年 12 月 15 日，长城旅行社归还前期借入的短期借款，本息共计 101 500 元。账务处理如下。

借：应付利息　　1 000

　　财务费用　　500

　　短期借款　　100 000

　　贷：银行存款　　101 500

附单据 3 张：银行还款凭证 1 张，利息费用计算单 1 张，转账支票存根 1 张。

ICBC 工商银行（贷款）还款凭证（回单）

2011 年 12 月 15 日　　原借款凭证银行编号：7424600025

<table>
<tr><td rowspan="3">还款单位</td><td>名　称</td><td>中国工商银行</td><td rowspan="3">付款单位</td><td>名　称</td><td colspan="10">北京长城旅行社有限公司</td></tr>
<tr><td>往来户帐号</td><td>4646411313414</td><td>存款户账号</td><td colspan="10">4108645732577</td></tr>
<tr><td>开户银行</td><td>工商银行北京市通州支行</td><td>开户银行</td><td colspan="10">工商银行北京市通州支行</td></tr>
<tr><td colspan="2">还款时间</td><td>2011 年 12 月 15 日</td><td colspan="2"></td><td colspan="10">第 一 次还款</td></tr>
<tr><td colspan="2" rowspan="2">还款金额</td><td colspan="3" rowspan="2">货币及金额（大写）　人民币壹拾万零壹仟伍佰元整</td><td>千</td><td>百</td><td>十</td><td>万</td><td>千</td><td>百</td><td>十</td><td>元</td><td>角</td><td>分</td></tr>
<tr><td></td><td>¥</td><td>1</td><td>0</td><td>1</td><td>5</td><td>0</td><td>0</td><td>0</td><td>0</td></tr>
<tr><td colspan="2">还款原因</td><td colspan="13">归还借款</td></tr>
<tr><td colspan="5">上述借款已从你单位存款户内转还，此致借款单位。</td><td colspan="10">（银行盖章）　年　月</td></tr>
</table>

短期借款利息费用计算单

编制部门：　　2011 年 12 月 15 日　　金额单位：元

借款性质	借款日期	到期日	借款本金	年利率	已提利息	当月利息	累计利息
短期借款	2010.12.16	2011.12.16	100 000.00	6%	1 000.00	500.00	1 500.00
合计			100 000.00		1 000.00	500.00	1 500.00

会计主管：李娜　　复核：韩玲　　会计：王伟　　制单：王平

中国工商银行 (京)
转账支票存根

$\frac{E}{0}\frac{G}{2}$ 01479559

附加信息

出票日期 2011 年 12 月 15日

收款人：北京工商银行通州支行
金 额：¥101 500.00
用 途：偿还短期借款

单位主管 张娜 会计 王平

(三) 应付账款业务

【例37】长城旅行社，2011年12月15日向宏达公司购入一批手工艺品，发票价款20 000元，税款3 400元，商品已验收入库，款项未付。账务处理如下。

借：库存商品 23 400

贷：应付账款 23 400

附单据2张：发票1张，入库单1张。

北京市国家税务局通用机打发票

发票联

发票代码 1110011721004

发票号码 00532161

开票日期：2011 年 12 月 15 日 行业分类：商业 机打号码：00532161

客户名称（全称）：北京长城旅行社有限公司			支票号码：		
商品名称	规格	单位	数量	单价	金额
手工艺品		件	400	58.5	¥23 400.00
人民币合计（大写）贰万叁仟肆佰元整				（小写）¥23 400.00	
开票单位（盖章）六里桥批发市场 B3501		开票人：张丹		税务登记 110223601157171	

第二联 发票联 顾客报销凭证

发票密码

入库单

供货单位： 凭证编号：

发票号码：00532161 2011 年 12 月 15 日 收料仓库：

材料编号	材料名称	规格	单位	数量		单价	金额
				应收	实收		
001	手工艺品		件	400	400	58.5	23 400.00
合 计							23 400.00

主管： 记账： 仓库保管： 经办人：

【例 38】2011 年 12 月 15 日，通过转账，支付上月欠宏泰公司的购货款 5 000 元。账务处理如下。

借：应付账款 5 000

贷：银行存款 5 000

附单据 1 张：转账支票存根 1 张。

中国工商银行
转账支票存根 （京）

$\frac{E}{0}\frac{G}{2}$ 01479560

附加信息

出票日期 2011 年 12 月 15日

收款人：北京宏泰有限公司
金 额：¥5 000.00
用 途：偿还货款

单位主管 张娜 会计 王平

（四）应付票据业务

【例 39】2011 年 12 月 15 日，长城旅行社向丽江工艺品公司购进发放给游客用的纪念品一批，价款为 20 000 元，签发并承兑 3 个月期限的商业承兑汇票抵付。账务处理如下。

借：库存商品　　20 000

　　贷：应付票据——丽江工艺品公司　　20 000

附单据 3 张：商业承兑汇票存根 1 张，发票 1 张，入库单 1 张。

商业承兑汇票（存根）　3

出票日期（大写）　二零壹壹年壹拾贰月壹拾伍日　　№ 0056632

<table>
<tr><td rowspan="3">付款人</td><td>出票人全称</td><td>北京长城旅行社有限公司</td><td rowspan="3">收款人</td><td>全　称</td><td colspan="2">浙江义乌丽江工艺品厂</td></tr>
<tr><td>出票人账号</td><td>4108645732577</td><td>账　号</td><td colspan="2">3124352345</td></tr>
<tr><td>付款行全称</td><td>工商银行北京市通州支行</td><td>开户银行</td><td colspan="2">工行丽江支行</td></tr>
<tr><td colspan="2">出票金额</td><td colspan="3">人民币（大写）贰万元整</td><td colspan="2">亿 千 百 十 万 千 百 十 元 角 分
¥ 2 0 0 0 0 0 0</td></tr>
<tr><td colspan="2">汇票到期日（大写）</td><td>贰零壹贰年零叁月壹拾伍日</td><td rowspan="2">付款人开户行</td><td>行号</td><td colspan="2">424512</td></tr>
<tr><td colspan="2">交易合同号码</td><td>874646141646</td><td>地址</td><td colspan="2">北京市通州区 52 号</td></tr>
<tr><td colspan="3">备注：</td><td colspan="4"></td></tr>
</table>

此联由出票人存查

入 库 单

供货单位：丽江工艺品厂　　凭证编号：

发票号码：34532568　　2011 年 12 月 15 日　　收料仓库：

<table>
<tr><td rowspan="2">材料编号</td><td rowspan="2">材料名称</td><td rowspan="2">规格</td><td rowspan="2">单位</td><td colspan="2">数量</td><td rowspan="2">单价</td><td rowspan="2">金额</td></tr>
<tr><td>应收</td><td>实收</td></tr>
<tr><td>001</td><td>手工艺品</td><td></td><td>件</td><td>500</td><td>500</td><td>40</td><td>20 000.00</td></tr>
<tr><td></td><td></td><td></td><td></td><td></td><td></td><td></td><td></td></tr>
<tr><td colspan="4">合 计</td><td></td><td></td><td></td><td>20 000.00</td></tr>
</table>

主管：　　记账：　　仓库保管：　　经办人：

浙江国家税务局通用机打发票

发票联

发票代码 1110011721004

发票号码 34532568

开票日期：2011 年 12 月 15 日　　行业分类：商业　　机打号码：34532568

客户名称（全称）：北京长城旅行社有限公司		支票号码：			
商品名称	规格	单位	数量	单价	金额
手工艺品		件	500	40	￥20 000.00
人民币合计（大写）贰万元整			（小写）￥20 000.00		
开票单位（盖章） 浙江义乌丽江工艺品厂		开票人：李华		税务登记 330223601145612	

第二联 发票联 顾客报销凭证

发票密码[redacted]

【例 40】2011 年 12 月 16 日，长城旅行社 3 个月前签发给中信公司带息商业汇票已到期，金额为 30 000 元，月利率 5‰，用银行存款支付本息。账务处理如下。

	借方	贷方
借：应付票据——面值	30 000	
应付票据——利息	300	
财务费用——利息支出	150	
贷：银行存款		30 450

附单据 1 张：银行付款凭证 1 张。

ICBC 中国工商银行　　业务回单（付款）凭证

回单编号：11271000002

入账日期：2011-12-16
付款人户名：北京长城旅行社有限公司
付款人账号：4108645732577
付款人开户行 / 发报行：工行通州支行
收款人户名：北京中信公司
收款人账号：6227780803296236
收款人开户银行：工行朝阳支行
币种：　人民币（本位币）　金额（小写）：30 450.00
金额（大写）叁万零肆佰伍拾元整
凭证种类：　　凭证号码：
业务（产品）种类：商业承兑汇票付款　　摘要：　商业汇票本息
汇入行行名：中国工商银行朝阳支行
客户备注：

打印次数：　1　次　机打回单注意重复　打印日期：2011-12-16　打印柜员：02035

（五）应付职工薪酬业务

【例41】2011年12月17日，核算本月应付职工薪酬、职工社会保险费等。账务处理如下。

借：销售费用　　291 137
　　管理费用　　209 209
　　贷：应付职工薪酬——工资　　342 000
　　　　——职工福利　　34 200
　　　　——社会保险费　　67 716
　　　　——住房公积金　　41 040
　　　　——工会经费　　6 840
　　　　——职工教育经费　　8 550

附单据1张：职工工资核算汇总表1张。

职工工资核算汇总表

2011年12月17日

编制单位：北京长城旅行社有限公司

项目		销售部		行政管理部	财务部	合计
		业务部	导游部			
工资		160 000.00	39 000.00	125 000.00	18 000.00	342 000.00
职工福利（10%）		16 000.00	3 900.00	12 500.00	1 800.00	34 200.00
社会保险	养老保险费(10%)	16 000.00	3 900.00	12 500.00	1 800.00	34 200.00
	医疗保险费(6%)	9 600.00	2 340.00	7 500.00	1 080.00	20 220.00
	失业保险费(2%)	3 200.00	780.00	2 500.00	360.00	6 840.00
	生育保险费（1%）	1 600.00	390.00	1 250.00	180.00	3 420.00
	工伤保险费（0.8%）	1 280.00	312.00	1 000.00	144.00	2 736.00
	小计（19.8%）	31 680.00	7 722.00	24 750.00	3 564.00	67 716.00
住房公积金（12%）		19 200.00	4 680.00	15 000.00	2 160.00	41 040.00
职工工会经费（2%）		3 200.00	780.00	2 500.00	360.00	6 840.00
职工教育经费（2.5%）		4 000.00	975.00	3 125.00	450.00	8 550.00
合计		234 080.00	57 057.00	182 875.00	26 334.00	50 0346.00

审核：李娜　　　　制单：王平

【例 42】2011 年 12 月 18 日，发放上月职工薪酬并代扣职工社会保险、个人所得税等。账务处理如下。

借：应付职工薪酬——工资　347 200

　贷：其他应付款——社会保险　38 192

　　　　　　——住房公积金　41 664

　　应交税费——应交个人所得税　13 225

　　银行存款　254 119

附单据 2 张：职工工资结算汇总表 1 张，转账支票存根 1 张。

职工工资结算汇总表

编制部门：财务部　　2011 年 12 月 18 日　　金额单位：元

项目		销售部		行政管理部	财务部	合计
		业务部	导游部			
工资		165 000.00	17 200.00	130 000.00	35 000.00	347 200.00
代扣职工社会保险	养老保险费（8%）	13 200.00	1 376.00	10 400.00	2 800.00	27 776.00
	医疗保险费（2%）	3 300.00	344.00	2 600.00	700.00	6 944.00
	失业保险费（1%）	1 650.00	172.00	1 300.00	350.00	3 472.00
	小计（11%）	18 150.00	1 892.00	14 300.00	3 850.00	38 192.00
代扣职工住房公积金（12%）		19 800.00	2 064.00	15 600.00	4 200.00	41 664.00
代扣职工个人所得税额		6 945.00	530.00	4 250.00	1 500.00	13 225.00
代扣合计		44 895.00	4 486.00	34 150.00	9 550.00	93 081.00
实发工资合计		120 105.00	12 714.00	95 850.00	25 450.00	254 119.00

审核：李娜　　制单：王平

中国工商银行
转账支票存根 （京）

$\frac{E}{0}\frac{G}{2}$ 01479561

附加信息

出票日期 2011年12月18日

收款人：北京长城旅行社
金 额：¥254 119.00
用 途：发放工资

单位主管 张娜 会计 王平

【例43】2011年12月18日，发放员工困难补助共20 000元。账务处理如下。

借：应付职工薪酬——职工福利 20 000

贷：库存现金 20 000

附单据2张：补贴申请书1张，现金支出凭单1张。

长城旅行社补贴（助）申请书

2011年12月18日

补助项目	金额	审核意见	财务主管	同意：李娜
困难补助	20 000.00			
			单位主管	同意补贴：张长城
金额合计（大写）	人民币贰万元整	（小写）¥20 000.00		

审核：韩玲 制表：王平

现金支出凭单

2011 年 12 月 18 日

部门		项目名称		预算科目	
摘要及用途	支付员工补贴				
金额	人民币 （大写）贰万元整　　¥ 20 000.00				
备注					
领导 批示　张长城		财务 主管　李　娜		部门 主管　李　严	

会计：王平　　出纳：王丽　　证明 / 验收人：　　经手人：　　领款人：王伟

（六）其他应付款业务

【例 44】长城旅行社从 2011 年 12 月 20 日起，以经营租赁方式租入一辆客车，每月租金 3 000 元，按季支付，本月计提租金 3 000 元。账务处理如下。

借：管理费用　　3 000

　　贷：其他应付款——顺通租赁公司　　3 000

附单据 1 张：租金计算表 1 张。

租金计算表

2011 年 12 月 20 日

资产名称	租入时间	价值	租期	每月租金
客车	2011.12.20	500 000.00	2 年	3 000.00
合计		500 000.00		3 000.00

会计：　　记账：　　制单：王平

【例 45】2011 年 12 月 20 日，长城旅行社决定组团出游，收取旅客缴纳的诚意金共 2 000 元。账务处理如下。

借：银行存款　　2 000

　　贷：其他应付款　　2 000

附单据 2 张：收据 1 张，现金存款凭证 1 张。

收 据

2011 年 12 月 20 日　　No：023123

今收到	旅行团游客
交来	组团诚意金
人民币（大写）	贰仟元整　　¥ 2 000.00

第三联 记账联

收款人：王平　　交款人：李娜

ICBC 中国工商银行　　现金存款凭证

2011 年 12 月 20 日　　京 B02152458

存款人	全称	北京长城旅行社有限公司		
	账号	4108645732577	款项来源	营业款
	开户行	工商银行	交款人	

金额 大写人民币（本位币）贰仟元整	金额 小写 RMB 2，000.00

票面	张数	票面	张数	票面	张数	
100.00	20.0					经办　复核 01921

（七）预收账款业务

【例 46】2011 年 12 月 20 日，长城旅行社组成上海——南京旅游的 20 人的旅游团 A101。根据预计支出情况预收价款 10 000 元存入银行。账务处理如下。

借：银行存款　　10 000

　　贷：预收账款　　10 000

附单据 2 张：收据 1 张，现金存款凭证 1 张。

收　据

2011 年 12 月 20 日　　　　No：023123

今收到	A101 旅行团游客
交来	团费
人民币（大写）	壹万元整　　　　¥ 10 000.00

第三联　记账联

收款人：王平　　　　交款人：李娜

ICBC 中国工商银行　　现金存款凭证

2011 年 12 月 20 日　　京 B02152869

存款人	全称	北京长城旅行社有限公司		
	账号	4108645732577	款项来源	营业款
	开户行	工商银行	交款人	

金额 大写人民币（本位币）壹万元整	金额 小写 RMB 10，000.00

票面	张数	票面	张数	票面	张数	
100.00	100					经办　复核 01921

四、非流动负债业务

（一）长期借款业务

【例 47】2011 年 12 月 20 日，旅行社向银行借入 3 年期的长期借款，金额为 200 000 元，年利率为 5%（到期一次还本付息，不计复利）。款项已存入银行。账务处理如下。

借：银行存款　　200 000

　　贷：长期借款　　200 000

附单据 2 张：银行借款凭证 1 张，银行付款凭证 1 张。

ICB 中国工商银行　　　　业务回单（付款）凭证

入账日期：2011-12-20　　　　回单编号：11271000018
付款人户名：北京市工商银行
付款人账号：20001002046464
付款人开户行 / 发报行：工商银行通州支行
收款人户名：北京长城旅行社有限公司
收款人账号：4108645732577
收款人开户银行：工商银行通州支行
币种：　人民币（本位币）　　金额（小写）：200 000.00
金额（大写）贰拾万元整
凭证种类：　　　　　　凭证号码：
业务（产品）种类：同行汇款　　　摘要：借款
交易机构号 622219　记账柜员号：00017　交易代码：52008　用途：
附言：旅费
支付交易序号：11000459 报文种类：00101 委托日期：2011-12-20
业务种类：　　　　　　收款人地址：
付款人地址：

打印次数：　1　次　机打回单注意重复　打印日期：2011-12-20　打印柜员：02021

中国工商银行借款凭证（回单）③

单位编号：0201　　　　日期：2011 年12月 20 日　　　　银行编号：00001

借款人	名　称	中国工商银行	收款人	名　称	北京长城旅行社
	账　号	563986353232		账　号	4868669686575
	开户银行	中国工商银行北京市通州支行		开户银行	中国工商银行北京市通州支行

借款期限（最后还款日）	2014 年 12 月 20 日	利率	6%	起息日期	2011 年 12 月 20 日

项目	内容	千	百	十	万	千	百	十	元	角	分
借款申请金额	人民币（大写）贰拾万元整		¥	2	0	0	0	0	0	0	0
借款原因及用途	生产周转										
银行核定金额			¥	2	0	0	0	0	0	0	0

期限	计划还款日期	√	计划还款金额	分次还款记录	期次	还款日期	还款金额	结欠
1								
2								
3								
4								

备注：	上述借款业已同意贷给并转入你单位往来账户，借款到期时应按期归还。此致 借款单位 （银行盖章）2011 年 12 月 20 日

此联转账后退还借款单位

【例 48】2011 年 12 月 21 日，偿还以前年度长期借款本息共计 354 000 元。账务处理如下。

借：长期借款　　300 000

　　应付利息　　52 500

　　财务费用　　1 500

　　贷：银行存款　　354 000

附单据 3 张：银行还款凭证 1 张，利息费用计算单 1 张，转账支票存根 1 张。

ICBC 工商银行（贷款）还款凭证（回单）

2011 年 12 月 21 日　　原借款凭证银行编号：74246464646

还款单位	名　称	中国工商银行	付款单位	名　称	北京长城旅行社有限公司
	往来户帐号	4646411313414		存款户账号	4108645732577
	开户银行	工商银行北京市通州支行		开户银行	工商银行通州支行
还款时间		2011 年 12 月 20 日			第 一 次还款
还款金额		货币及金额（大写）：人民币叁拾伍万肆仟元整			千 百 十 万 千 百 十 元 角 分 ¥ 3 5 4 0 0 0 0 0
还款原因		归还借款			
上述借款已从你单位存款户内转还，此致借款单位。					（银行盖章）　年　月

长期借款利息费用计算单

编制部门：　　2011 年 12 月 21 日　　金额单位：元

借款性质	借款日期	到期日	借款本金	年利率	已提利息	当月利息	累计利息
长期借款	2008.12.20	2011.12.20	300 000.00	6%	52 500.00	1 500.00	54 000.00
合计			300 000.00		52 500.00	1 500.00	54 000.00

审核：　　制单：

中国工商银行 转账支票存根 (京)
$\frac{E}{0}\frac{G}{2}$ 014779562
附加信息
出票日期 2011 年 12 月 21日
收款人：北京工商银行通州支行
金　额：¥354 000.00
用　途：偿还借款
单位主管 张娜　　会计 王平

（二）应付债券业务

【例 49】长城旅行社为建造营业厅，于 2011 年 12 月 21 日按面值 300 000 元发行债券，债券票面利率为 6%，期限为 2 年。收到款项 300 000 元，存入银行。签发转账支票 5 000 元支付债券发行费用。账务处理如下。

借：银行存款　　300 000

　　贷：应付债券——债券面值　　300 000

借：在建工程——建筑工程　　5 000

　　贷：银行存款　　5 000

附单据 3 张：进账单回单 1 张，转账支票存根 1 张，发票 1 张。

ICBC 中国工商银行 进账单 （回单） 3

2011 年 12 月 21 日

出票人	全称	北京证券发行公司	收款人	全 称	北京长城旅行社有限公司
	账 号	1100105454554242		账 号	41086457868675
	开户银行	工商银行北京市通州支行		开户银行	工商银行北京市通州支行
金额	人民币（大写）叁拾万元整			亿 千 百 十 万 千 百 十 元 角 分	¥ 3 0 0 0 0 0 0 0
票据种类	转账支票	票据张数	壹张		
票据号码					
复核：张林　记账：王磊				开户银行签章	

此联是收款人开户银行交给收款人的回单

中国工商银行 (京)
转账支票存根

$\frac{E}{0}\frac{G}{2}$ 01479563

附加信息

出票日期 2011 年 12 月 21 日

收款人：北京中信金融公司
金 额：¥5 000.00
用 途：支付发行费

单位主管 张娜 会计 王平

北京市邮电通信业、金融保险业专用发票

BEIJING SPECIAL INVOICE FOR POST AND TELEXOMMUNICATION, FINANCE AND INSURANCE INDUSTRY

发 票 联

INVOICE

发票代码 211000672226
INVOICE CODE
发票号码 15254169
INVOICE NO.
密 码 [redacted]
PASSWORD
信 息 码 2014060205
INF.NUMBER

税务登记号：110110880202044
TAX REGISTRY NO.
收款单位：北京市中信金融公司
PAYEE
付款单位（个人）：北京长城旅行社有限公司
PAYER

经营项目 Service item	金额 Amount charged
债券发行费	¥5 000.00
金额合计（人民币大写）伍仟元整 Total amount(in letters)	¥5 000.00
机打票号 Printing No. 15254169	税控装置号 Receiver No 1000005511454
税控装置防伪码 Anti-forgery Code 6078212551	开票日期 Date issued 2011-12-21

收款单位（盖章有效）
Payee (seal)

税控机打发票手开无效
Printed by receiver, hand-writing invalid

一发票联

（三）长期应付款业务

【例 50】2011 年 12 月 21 日，长城旅行社从长江供暖设备公司购进供暖设备一台，价款为 585 000 元，旅行社将在以后 5 年内每年向该公司员工提供旅游服务 30 次，每次 10 000 元，用于偿还设备款。账务处理如下。

借：固定资产　　585 000

　　贷：长期应付款——补偿贸易引进设备款　　585 000

附单据 2 张：固定资产入库单 1 张，发票 1 张。

固定资产入库单

供货单位：北京长江供暖设备公司　　凭证编号：

发票号码：465653288　　2011 年 12 月 21 日　　产品仓库：3 号

产品编号	产品名称	规格	单位	数量		单价	金额
				应收	实收		
201	供暖设备		台	1	1	585 000	585 000.00

审核：　　制单：王平

北京增值税普通发票

No 13167614

发　票　联

开票日期：2011 年 12 月 21 日

购货单位	名　　称：北京长城旅行社有限公司 纳税人识别号： 地 址、电 话： 开户行及账号：				密码区	(略)		
货物及应税劳务名称	规格型号	单位	数量	单价	金 额	税率	税额	
设备		台	1	500 000.00	500 000.00	17%	85 000.00	
合　计					¥500 000.00		¥85 000.00	
价税合计（大写）	伍拾捌万伍仟元整					(小写) ¥580 000.00		
销货单位	名　　称：北京长江供暖设备有限责任公司 纳税人识别号：111085684485540 地 址、电 话：北京市顺义阳光北大街16号 010-86958868 开户行及账号：工行北京顺义支行　　1189000056892				备注			

第二联 发票联 付款方记账凭证

收款人：　　复核：　　开票人：刘石　　销货单位（章）：

五、收入业务

（一）主营业务收入业务

1. 产品销售业务

【例 51】2011 年 12 月 21 日，长城旅行社机票代售点向旅客出售机票，收取手续费 2 000 元，款项存入银行。账务处理如下。

借：银行存款　　2 000

　　贷：主营业务收入　　2 000

附单据 3 张：发票 1 张，收据 1 张，现金存款凭证 1 张。

北京市服务业、娱乐业、文化体育业专用发票

BEIJING SPECIAL INVOICE FOR SERVICE INDUSTRY ENTERTAINMENT INDUSTRY AND PHYSICAL CULTURE INDUSTRY

记　账　联

ENTRY

发票代码 211000672471
INVOICE CODE
发票号码 97088522
INVOICE NO.
密　　码
PASSWORD
信息码 2014060205
INF. NUMBER
54067214-01018639-70885015

税务登记号：110880202045871
TAX REGISTRY NO.
收款单位：北京长城旅行社有限公司
PAYEE
付款单位(个人)：金娜娜
PAYER

项目 Item	单价 UNIT PRICE	数量 QUANTITY	金额 AMOUNT CHARGED
手续费	10.00	200	2 000.00
小写合计 TOTAL IN FIGURES	¥ 2 000.00		
大写合计 TOTAL IN CAPITAL	贰仟元整		

二 记账联

机打号码 97088522
Printed No.
机器编码 008510220912
Machine No.
税控码 1009 1935 9417 4607 5884
Tax control No.

收款员
Cashier
开票日期 2011/12/23
Date issued
收款单位（盖章有效） 税控机打发票手开无效
Payee (seal) Printed by receiver, hand-writing invalid

收　据

2011 年 12 月 21 日　　No：023123

今收到　金娜娜

交来　购买机票款

人民币（大写）　贰仟元整　　¥ 2 000.00

第三联　记账联

收款人：王平　　交款人：金娜娜

ICBC 中国工商银行　　　　现金存款凭证

2011 年 12 月 20 日　　　　京 B52421641

存款人	全称	北京长城旅行社有限公司		
	账号	4108645732577	款项来源	营业款
	开户行	工商银行	交款人	
金额 大写人民币（本位币）贰仟元整			金额 小写 RMB2，000.00	

票面	张数	票面	张数	票面	张数	
100.00	20.0					经办　复核 01921

【例 52】2011 年 12 月 21 日，长城旅行社向旅客出售机票，累计收取手续费 10 000 元，款项收到存入银行。账务处理如下。

借：银行存款　　10 000

　贷：主营业务收入　　10 000

附单据 3 张：发票 1 张，收据 1 张，现金存款凭证 1 张。

收　据

2011 年 12 月 21 日　　　　No：02744

今收到　平安旅行团

交来　购买机票款

人民币（大写）　壹万元整　　¥ 10 000.00

第三联　记账联

收款人：王平　　　　交款人：张雷

北京市服务业、娱乐业、文化体育业专用发票

BEIJING SPECIAL INVOICE FOR SERVICE INDUSTRY ENTERTAINMENT INDUSTRY AND PHYSICAL CULTURE INDUSTRY

记 账 联

ENTRY

发票代码 211000672471
INVOICE CODE
发票号码 97088523
INVOICE NO.
密码 [redacted]
PASSWORD
信息码 2014060205
INF.NUMBER

54067214-01018639-70885015

税务登记号：110880202045871
TAX REGISTRYNO.
收款单位：北京长城旅行社有限公司
PAYEE
付款单位(个人)：金娜娜
PAYER

项目 Item	单价 UNIT PRICE	数量 QUANTITY	金额 AMOUNT CHARGED
手续费	10.00	1 000	10 000.00
小写合计 TOTAL IN FIGURES	¥ 10 000.00		
大写合计 TOTAL IN CAPITAL	壹万元整		

二 记账联

机打号码 Printed No. 97088523
机器编码 Machine No. 008510220912
税控码 Tax control No. 1009 1935 9417 4607 5884

收款员 Cashier
开票日期 Date issued 2011/12/21
收款单位（盖章有效） Payee (seal)
税控机打发票手开无效 Printed by receiver, hand-writing invalid

ICBC 中国工商银行 现金存款凭证

2011 年 12 月 20 日

京 B02152421

存款人	全称	北京长城旅行社有限公司		
	账号	4108645732577	款项来源	营业款
	开户行	工商银行	交款人	

金额 大写人民币（本位币）壹万元整

金额 小写 RMB 10，000.00

票面	张数	票面	张数	票面	张数	
100.00	100					
						经办 复核 01921

2. 组团业务

【例 53】接【例 2】2011 年 12 月 21 日，夕阳红旅行团返回上海，根据接团社填报的“结算通知单”及有关资料进行审核，旅行社确认收入 50 000 元，并填制结算账单。账务处理如下。

借：应收账款—夕阳红旅行团　　50 000

　贷：主营业务收入　　50 000

附单据 2 张：结算通知单 1 张，结算账单 1 张。

旅游公司结算账单

致：夕阳红旅行团　　填发日期 2011 年 12 月 21 日　　编号：

国别 / 地区　中国	旅游人数　20
旅行团（者）名称 夕阳红旅行团	旅游等级
	旅游起讫日期
费用内容	金额 / 人民币
1. 综合服务费	¥ 15 000.00
2. 住宿费	¥ 15 000.00
3. 餐费	¥ 10 000.00
4. 城市间交通费	¥ 10 000.00
应付我公司总额	¥ 50 000.00
已收到	¥ 50 000.00
尚需付款	¥ 0
备注	
银行账号及开户银行	工商银行通州支行

审核：　　制单：李娜

旅游团费用拨款结算通知单

2011 年 12 月 21 日

计划号	788	国别	中国	旅游公司名称	北京长城旅行社有限公司	人数	20
旅游团名				旅游团类型			
旅游等级				全陪姓名			
旅游者到离时间	12 月 2 日到 12 月 21 日离开						

项目			拨款结算 天数	单价	人数	金额
旅游团综合服务费	综合服务费		20		20	2 000.00
旅游团综合服务费	住宿费		20		20	2 000.00
旅游团综合服务费	午餐费		20		20	1 000.00
旅游团综合服务费	晚餐费		20		20	10 000.00
旅游团综合服务费						
旅游团综合服务费	派出全程陪同劳务费					4 000.00
旅游团综合服务费	计划内拨款	游湖费	20		20	2 000.00
旅游团综合服务费	计划内拨款	小吃费	10		20	2 000.00
旅游团综合服务费	计划内拨款	门票费				2 000.00
旅游团综合服务费	计划内拨款	附加费				2 000.00
旅游团综合服务费	计划内拨款	其他				2 000.00
旅游团综合服务费		旅游团综合服务费合计				20 000.00
旅游者交通费		乘飞机	1			5 000.00
旅游者交通费		行李托运费				
全程陪同费	交通费	乘飞机				
全程陪同费	共餐费					
全程陪同费	住宿费		20		1	5 000.00
全程陪同费	住宿费					
全程陪同费	全程陪同费用合计					10 000.00
拨款结算总计						30 000.00

审核： 制单：王平

【例 54】接【例 4】2011 年 12 月 21 日，日本旅游团旅游结束已离境，旅行社根据接团社填报的“结算通知单”填报旅游费结算账单送日本某旅行社，其中：综合服务收入 50 000 元，劳务收入 20 000 元，票务收入 10 000 元用银行存款支付其他费用 8 000 元。给予该日本旅行社 8 000 元优惠。确认收入 72 000 元。账务处理如下。

借：应收账款——日本某旅行社　　72 000
　　财务费用　　8 000
　　贷：主营业务收入　　72 000
　　　　银行存款　　8 000
附单据 2 张：结算通知单 1 张，结算账单 1 张。

旅游团费用拨款结算通知单

2011 年 12 月 21 日

<table>
<tr><td>计划号</td><td>123</td><td>国别</td><td>中国</td><td>旅游公司名称</td><td>北京市长城旅行社有限公司</td><td>人数</td><td>20</td></tr>
<tr><td>旅游团名</td><td colspan="3">日本旅游团</td><td>旅游团类型</td><td colspan="3">普通</td></tr>
<tr><td>旅游等级</td><td colspan="3"></td><td>全陪姓名</td><td colspan="3"></td></tr>
<tr><td>旅游者到离时间</td><td colspan="7">12 月 2 日到 12 月 21 日离开</td></tr>
<tr><td colspan="3" rowspan="2">项目</td><td colspan="4">拨款结算</td></tr>
<tr><td>天数</td><td>单价</td><td>人数</td><td>金额</td></tr>
<tr><td rowspan="13">旅游团综合服务费</td><td colspan="2">综合服务费</td><td>20</td><td></td><td>20</td><td>5 000.00</td></tr>
<tr><td colspan="2">住宿费</td><td>20</td><td></td><td>20</td><td>5 000.00</td></tr>
<tr><td colspan="2">午餐费</td><td>20</td><td></td><td>20</td><td>2 000.00</td></tr>
<tr><td colspan="2">晚餐费</td><td>20</td><td></td><td>20</td><td>3 000.00</td></tr>
<tr><td colspan="2"></td><td></td><td></td><td></td><td></td></tr>
<tr><td colspan="2">派出全程陪同劳务费</td><td></td><td></td><td></td><td>10 000.00</td></tr>
<tr><td rowspan="5">计划内拨款</td><td>游湖费</td><td>20</td><td></td><td>20</td><td>6 000.00</td></tr>
<tr><td>小吃费</td><td>10</td><td></td><td>20</td><td>4 000.00</td></tr>
<tr><td>门票费</td><td></td><td></td><td></td><td>5 000.00</td></tr>
<tr><td>附加费</td><td></td><td></td><td></td><td>5 000.00</td></tr>
<tr><td>其他</td><td></td><td></td><td></td><td></td></tr>
<tr><td></td><td>旅游团综合服务费合计</td><td></td><td></td><td></td><td>20 000.00</td></tr>
<tr><td colspan="2" rowspan="2">旅游者交通费</td><td>乘飞机</td><td>1</td><td></td><td></td><td></td></tr>
<tr><td>行李托运费</td><td></td><td></td><td></td><td></td></tr>
<tr><td rowspan="5">全程陪同费</td><td>交通费</td><td>乘飞机</td><td></td><td></td><td></td><td></td></tr>
<tr><td>共餐费</td><td></td><td></td><td></td><td></td><td></td></tr>
<tr><td rowspan="2">住宿费</td><td></td><td></td><td></td><td></td><td></td></tr>
<tr><td></td><td></td><td></td><td></td><td></td></tr>
<tr><td colspan="6">全程陪同费用合计</td><td></td></tr>
<tr><td colspan="7">拨款结算总计</td><td>45 000.00</td></tr>
</table>

审核：　　　　制单：马云

旅游公司结算账单

致：　日本旅行社　　　　　填发日期 2011 年 12 月 21 日　　　　　编号：
TO：　　　　　　　　　　　Date：　　　　　　　　　　　　　　　　NO：

国别 / 地区　日本 Country / Area Japan	旅游人数 Number of tourists：20
旅行团（者）名称 Name of group or tourist 日本旅行团	旅游等级 Tour class 旅游起讫日期 Tour period：2011.12.2—21
费用内容 Items	金额 / 人民币 Amount(in USD)
1. 综合服务费 Full package service charge	¥5 000.00
2. 全程陪同费 Hotel room charge	¥20 000.00
3. 门票 Meal charges	¥10 000.00
4. 城市间交通费 Fare of domestic transportation between cities	¥0
应付我公司总额 The Sum Otal payable	¥80 000.00
已收到 Payment received	¥80 000.00
尚需付款 Balance to paid	¥0
备注 Remarks	
银行账号及开户银行 Bank Account Number:	工商银行通州支行

审核：　　　　　　　　　　　　　　　　　　　　　　　　　制单：李娜

【例 55】接例【46】2011 年 12 月 22 日，A101 团旅游结束，根据填报的结算通知单填制结算账单，并确认收入 10 000 元。另外，在旅行过程中，根据游客要求增加风味餐费用 1 000 元，增加参观景点费用 1 000 元，共加收 20% 服务费后，由客人以现金方式支付。导游交回多余现金 400 元。账务处理如下。

借：预收账款　　　　　　　　　　10 000
　　贷：主营业务收入　　　　　　　　10 000

借：库存现金　　400

　贷：主营业务收入　　400

附单据 4 张：结算通知单 1 张，结算账单 1 张，收据 1 张，发票 1 张。

结算通知单

2011 年 12 月 22 日

计划号	4455	国别	中国	旅游公司名称	长城旅行社	人数	20
旅游团名	A101			旅游团类型	普通团		
旅游等级				全陪姓名			
旅游者到离时间	12 月 20 日到 12 月 22 日离开						

项目			拨款结算			
			天数	单价	人数	金额
旅游团综合服务费	综合服务费		2		20	1 000.00
	住宿费		2		20	1 000.00
	午餐费		2		20	1 000.00
	晚餐费		2		20	
	派出全程陪同劳务费					
	计划内拨款	游湖费	2		20	1 000.00
		小吃费	1		20	1 000.00
		门票费				
		附加费				
		其他				
		旅游团综合服务费合计				5 000.00
旅游者交通费		乘飞机	1			2 500.00
		行李托运费				
全程陪同费	交通费	乘飞机				
	共餐费	8 次				
	住宿费		2		20	2 500.00
	全程陪同费用合计					2 500
拨款结算总计						10 000.00

审核：　　　　制单：张丽

旅游公司结算账单

致：A101 旅行团　　　填发日期 2011 年 12 月 21 日　　　编号：

国别 / 地区　中国	旅游人数　20
旅行团（者）名称 A101	旅游等级
	旅游起讫日期
费用内容	金额 / 人民币
1．综合服务费	¥5 000.00
2．住宿费	¥2 000.00
3．餐费	¥1 000.00
4．城市间交通费	¥2 000.00
应付我公司总额	¥10 000.00
已收到	¥10 000.00
尚需付款	¥0
备注	
银行账号及开户银行	工商银行通州支行

审核：　　　　　　　　　　　　　　　　　　制单：李娜

收　据

2011 年 12 月 21 日　　　　NO：023123

今收到　成红　　　　现金付讫

交来　游客服务费

人民币（大写）　肆佰元整　　　　￥400.00

第三联　记账联

收款人：王平　　　　交款人：成红

北京市服务业、娱乐业、文化体育业专用发票

BEIJING SPECIAL INVOICE FOR SERVICE INDUSTRY ENTERTAINMENT INDUSTRY AND PHYSICAL CULTURE INDUSTRY

记　账　联

ENTRY

发票代码 INVOICE CODE　211000672470

发票号码 INVOICE NO.　97088524

密　码 PASSWORD　[redacted]

信息码 INF.NUMBER　2014060205

54067214-01018639-70885015

税务登记号：110880202045871
TAX REGISTRY NO.

收款单位：北京长城旅行社有限公司
PAYEE

付款单位(个人)：A101旅行团
PAYER

项目 Item	单价 UNIT PRICE	数量 QUANTITY	金额 AMOUNT CHARGED
团费	10 000.00	1	10 000.00

小写合计 TOTAL IN FIGURES　￥ 10 000.00

大写合计 TOTAL IN CAPITAL　壹万元整

一　记账联

机打号码 Printed No.　97088524

机器编码 Machine No.　008510220912

税控码 Tax control No.　1009 1935 9417 4607 5884

收款员 Cashier

开票日期 Date issued　2011/12/20

收款单位（盖章有效） Payee (seal)

税控机打发票手开无效 Printed by receiver,hand-writing invalid

北京市服务业、娱乐业、文化体育业专用发票

BEIJING SPECIAL INVOICE FOR SERVICE INDUSTRY ENTERTAINMENT INDUSTRY AND PHYSICAL CULTURE INDUSTRY

记 账 联

ENTRY

发票代码 211000672473
INVOICE CODE
发票号码 97088525
INVOICE NO.
密 码 [illegible]
PASSWORD
信 息 码 2014060205
INF.NUMBER
54067214-01018639-70885015

税务登记号：110880202045871
TAX REGISTRY NO.
收款单位：北京长城旅行社有限公司
PAYEE
付款单位(个人)：成红
PAYER

项目 Item	单价 UNIT PRICE	数量 QUANTITY	金额 AMOUNT CHARGED
服务费	400.00	1	400.00
小写合计 TOTAL IN FIGURES	¥ 400.00		
大写合计 TOTAL IN CAPITAL	肆佰元整		

二 记账联

机打号码 Printed No. 97088525
机器编码 Machine No. 008510220912
税控码 Tax control No. 1009 1935 9417 4607 5884

收款员 Cashier
开票日期 Date issued 2011/12/21
收款单位（盖章有效）Payee (seal)
税控机打发票手开无效 Printed by receiver, hand-writing invalid

【例 56】2011 年 12 月 20 日，长城旅行社组织一个 20 人的旅游团三日后去北京旅游，12 月 22 日旅游者张先生等 3 人因故要求退出旅游团，查这 3 人已经预付了旅游款 45 000 元，按旅游合同规定扣除 10% 手续费后，以现金退还其剩余的预交旅游款。账务处理如下。

借：预收账款　　45 000

　　贷：主营业务收入——其他收入　　4 500

　　　　库存现金　　40 500

附单据 3 张：现金支出凭单 1 张，收据 1 张，发票 1 张。

现金支出凭单

2011 年 12 月 22 日

部门		项目名称		预算科目	
摘要及用途	退还预付旅游费				
金额	人民币（大写）肆万零伍佰元整　¥ 40 500.00				
备注					
领导批示　张长城		财务主管　李　娜		部门主管	

会计：王平　　出纳：王丽　　证明 / 验收人：　　经手人：　　领款人：张伟

收 据

2011年12月22日　　　　NO：023123

今收到 游客

交来 手续费

人民币（大写） 肆仟伍佰元整　　¥4 500.00

收款人：王平　　　　交款人：张伟

第三联 记账联

北京市服务业、娱乐业、文化体育业专用发票

BEIJING SPECIAL INVOICE FOR SERVICE INDUSTRY ENTERTAINMENT INDUSTRY AND PHYSICAL CULTURE INDUSTRY

记 账 联

ENTRY

发票代码 INVOICE CODE 211000672474

发票号码 INVOICE NO. 97088526

密码 PASSWORD

信息码 INF. NUMBER 2014060205

54067214-01018639-70885015

税务登记号：110880202044587 1 TAX REGISTRY NO.

收款单位：北京长城旅行社有限公司 PAYEE

付款单位(个人)：张伟 PAYER

项目 Item	单价 UNIT PRICE	数量 QUANTITY	金额 AMOUNT CHARGED
手续费	4 500.00	1	4 500.00
小写合计 TOTAL IN FIGURES	¥4 500.00		
大写合计 TOTAL IN CAPITAL	肆仟伍元整		

二 记账联

机打号码 Printed No. 97088526

机器编码 Machine No. 008510220912

税控码 Tax control No. 1009 1935 9417 4607 5884

收款员 Cashier

开票日期 Date issued 2011/12/22

收款单位（盖章有效） Payee (seal)

税控机打发票手开无效 Printed by receiver, hand-writing invalid

【例57】接【例5】2011年12月22日，美国旅行团的旅游结束，已离境回国。外联部门根据各接团社填报的“结算通知单”及有关资料进行审核，经审核无误后，确认实现经营业务收入177 450元，当即填制结算账单。账务处理如下。

借：预收账款　　117 000

　　贷：主营业务收入　　117 000

附单据2张：结算通知单1张，结算账单1张。

结算通知单

2011 年 12 月 22 日

计划号	1020	国别	中国	旅游公司名称	北京长城旅行社有限公司	人数	20
旅游团名	美国旅行团			旅游团类型	普通团		
旅游等级				全陪姓名			
旅游者到离时间	12 月 2 日到 12 月 22 日离开						

项目			拨款结算			
			天数	单价	人数	金额
旅游团综合服务费	综合服务费		20		20	8 000.00
	住宿费		20		20	9 000.00
	午餐费		20		20	8 000.00
	晚餐费		20		20	
	派出全程陪同劳务费					
	计划内拨款	游湖费	20		20	6 000.00
		小吃费	10		20	7 000.00
		门票费				5 500.00
		附加费				5 000.00
		其他				
		旅游团综合服务费合计				48 500.00
旅游者交通费		乘飞机	2			25 000.00
		行李托运费				5 000.00
全程陪同费	交通费	乘飞机				10 000.00
	共餐费	8 次				
	住宿费		20		1	10 000.00
	全程陪同费用合计					20 000
拨款结算总计						98 500.00

审核：　　　　制单：王平

美克国际旅游公司结算账单

致： 美克旅游公司　　　填发日期 2011 年 12 月 22 日　　　编号：
TO：　　　　　　　　　Date：2011.12.22　　　　　　　　NO：

国别 / 地区　美国 Country / Area　U. S. A	旅游人数 Number of tourists：30
旅行团（者）名称 Name of group or tourist A201	旅游等级 Tour　class 旅游起讫日期 Tour period：2010. 12. 2—22
费用内容 Items	金额 / 美元 Amount(in USD)
1. 综合服务费 Full package service charge	USD 8 090
2. 住宿费 Hotel room charge	USD 8 500
3. 餐费 Meal charges	USD 4 050
4. 城市间交通费 Fare of domestic transportation between cities	USD 6 660
应付我公司总额 The Sum Otal payable	USD 27 300
已收到 Payment received	USD 18 000
尚需付款 Balance to paid	USD 9 300
备注 Remarks	
银行账号及开户银行 Bank Account Number:	Global travel service Bank of China Hangzhou Branch

审核：　　　　　　　　　　　　　　　　　　　　制单：李娜

【例 58】接上例，2011 年 12 月 22 日，根据结算账单填写托收凭证，连同结算账单一并送交银行，办妥向对方托收账款的手续，当日美元的中间汇率为 6. 5。（9 300 × 6.5=60 450）账务处理如下。

借：应收账款——美国美克旅游公司　　　60 450
　　贷：主营业收入——组团外联收入　　　60 450

附单据 2 张：委托收款凭证回单 1 张，结算账单 1 张。

美克国际旅游公司结算账单

致： 美克旅游公司　　填发日期 2011 年 12 月 22 日　　编号：

TO：　　Date：2011.12.22　　NO：

国别 / 地区　美国 Country / Area　U. S. A	旅游人数 Number of tourists：30
旅行团（者）名称 Name of group or tourist A201	旅游等级 Tour　class
	旅游起讫日期 Tour period：2010. 12. 2—22
费用内容 Items	金额 / 美元 Amount(in USD)
1. 综合服务费 Full package service charge	USD 8 090
2. 住宿费 Hotel room charge	USD 8 500
3. 餐费 Meal charges	USD 4 050
4. 城市间交通费 Fare of domestic transportation between cities	USD 6 660
应付我公司总额 The Sum Otal payable	USD 27 300
已收到 Payment received	USD 18 000
尚需付款 Balance to paid	USD 9 300
备注 Remarks	
银行账号及开户银行 Bank Account Number:	Global travel service Bank of China Hangzhou Branch

审核：　　制单：王平

委托收款凭证（回单） 1

委托日期 2011 年 12 月 22 日　　付款期限　2011 年 12 月 30 日

<table>
<tr><td rowspan="3">付款人</td><td>全　　称</td><td colspan="3">美国美克旅游公司</td><td rowspan="3">收款人</td><td>全　　称</td><td colspan="12">北京长城旅行社有限公司</td><td rowspan="6">此联付款人开户银行给付款人按期付款的通知</td></tr>
<tr><td>账　　号</td><td colspan="3">44646464647</td><td>账　　号</td><td colspan="12">797961179426</td></tr>
<tr><td>开户银行</td><td colspan="3">中国银行</td><td>开户银行</td><td colspan="12">工商银行通州支行</td></tr>
<tr><td rowspan="2" colspan="2">委收金额</td><td rowspan="2" colspan="6">人民币
(大写) 陆万零肆佰伍拾元整</td><td>千</td><td>百</td><td>十</td><td>万</td><td>千</td><td>百</td><td>十</td><td>元</td><td>角</td><td>分</td></tr>
<tr><td></td><td></td><td>¥</td><td>6</td><td>0</td><td>4</td><td>5</td><td>0</td><td>0</td><td>0</td></tr>
<tr><td colspan="2">款项内容</td><td>货款</td><td>委托收款凭据名称</td><td colspan="3">销货发票</td><td>附寄单证张数</td><td colspan="10">2 张</td></tr>
<tr><td colspan="4">备注：</td><td colspan="15">付款人注意：
1.根据结算办法规定，上列托收款，在付款期限内未拒付时，即视同全部同意付款。
2.如需提前付款或多付款时，应另写书面通知送银行办理。
3.如系全部拒付或部分拒付，应在付款期限内另填拒绝付款理由书送银行办理。</td></tr>
</table>

单位主管：　　会计：　　复核：　　记账：　　付款人开户行盖章（略）

【例 59】北京长城旅行社组织的旅行团，去法国旅游 15 天，旅游日程为 2011 年 12 月 22 日至 2012 年 1 月 5 日，按旅游合同已向旅游者收取 228 000 元，按提供的劳务占应提供劳务总量的比例，计算确认该旅游公司应列入 2011 年的营业收入。账务处理如下。

借：应收账款　　152 000

　　贷：主营业务收入　　152 000

附单据 1 张：收入计算分配表 1 张。

主营业务收入计算分配表

<table>
<tr><td rowspan="2">收入总额</td><td colspan="2">旅游天数</td><td rowspan="2">计算</td><td colspan="2">收入额</td></tr>
<tr><td>2011 年</td><td>2012 年</td><td>2011 年</td><td>2012 年</td></tr>
<tr><td>228 000.00</td><td>10</td><td>5</td><td>2011 年的经营业务收入
$=\frac{228000}{15}\times 10=15\ 2000$（元）
2012 年的经营业务收入
$=\frac{228000}{15}\times 5=76\ 000$（元）</td><td>152 000.00</td><td>76 000.00</td></tr>
<tr><td>合计</td><td>10</td><td>5</td><td></td><td>152 000.00</td><td>76 000.00</td></tr>
</table>

审核：　　制单：王平

3. 接团业务

【例 60】2011 年 12 月 20 日长城旅行社接春城旅行社 A 旅行团 20 人，该团在北京游览后于 22 日下午返回。根据结算单，全部费用为 40 000 元，确认收入。账务处理如下。

借：应收账款　　40 000

　　贷：主营业务收入——综合业务收入　　40 000

附单据 1 张：结算通知单 1 张。

结算通知单

2011 年 12 月 22 日

计划号	4455	国别	中国	旅游公司名称	北京长城旅行社有限公司	人数	20
旅游团名	A 旅行团			旅游团类型	普通团		
旅游等级				全陪姓名			
旅游者到离时间	12 月 20 日到 12 月 22 日离开						

项目			拨款结算			
			天数	单价	人数	金额
旅游团综合服务费	综合服务费		2		20	2 000.00
	住宿费		2		20	5 000.00
	午餐费		2		20	2 500
	晚餐费		2		20	2 500
	派出全程陪同劳务费					
	计划内拨款	游湖费	2		20	5 000.00
		小吃费	1		20	8 000.00
		门票费				5 000.00
		附加费				
		其他				
		旅游团综合服务费合计				30 000.00
旅游者交通费		乘飞机	1			5 000.00
		行李托运费				
全程陪同费	交通费	乘飞机				
	共餐费					
	住宿费		2		1	5 000.00
	全程陪同费用合计					5 000
拨款结算总计						40 000.00

审核：　　　　制单：王平

【例 61】接上例，2011 年 12 月 23 日，收到组团社拨来的接团费 40 000 元。账务处理如下。

借：银行存款　　40 000

　　贷：应收账款　　40 000

附单据 2 张：进账单回单 1 张，发票 1 张。

ICBC 中国工商银行　**进账单**　（回单）2

2011 年 12 月 23 日

出票人	全称	春城旅行社	收款人	全称	北京长城旅行社有限公司
	账号	1100105454554242		账号	4108645732577
	开户银行	工商银行昆明支行		开户银行	工商银行北京市通州支行
金额	人民币（大写）肆万元整			亿 千 百 十 万 千 百 十 元 角 分	¥ 4 0 0 0 0 0 0
票据种类	转账支票	票据张数	壹张		
票据号码					
复核　记账				开户银行签章	

此联是开户银行交给持（出）票人的回单

北京市服务业、娱乐业、文化体育业专用发票

BEIJING SPECIAL INVOICE FOR SERVICE INDUSTRY ENTERTAINMENT INDUSTRY AND PHYSICAL CULTURE INDUSTRY

记　账　联

ENTRY

发票代码 INVOICE CODE 211000672475

发票号码 INVOICE NO. 97088527

密码 PASSWORD

信息码 INF.NUMBER 2014060205

54067214-01018639-70885015

税务登记号：110880202045871
TAX REGISTRY NO.

收款单位：北京长城旅行社有限公司
PAYEE

付款单位(个人)：春城旅行社
PAYER

项目 Item	单价 UNIT PRICE	数量 QUANTITY	金额 AMOUNT CHARGED
综合服务费	40 000.00	1	40 000.00
小写合计 TOTAL IN FIGURES ¥ 40 000.00			
大写合计 TOTAL IN CAPITAL 肆万元整			

二 记账联

机打号码 Printed No. 97088527　　收款员 Cashier

机器编码 Machine No. 008510220912　　开票日期 Date issued 2011/12/23

税控码 Tax control No. 1009 1935 9417 4607 5884　　收款单位（盖章有效）Payee (seal)　税控机打发票手开无效 Printed by receiver,hand-writing invalid

【例 62】长城旅行社 2011 年 12 月 23 日，收到确认丽江旅行社 B 旅行团发出的传真，销售部门填制“结算单”，应收综合服务费合计为 10 000 元。确认并收到收入 10 000 元。账务处理如下。

①确认收入时

借：应收账款　　10 000

　　贷：主营业务收入　　10 000

②收到全额汇款时

借：银行存款　　10 000

　　贷：应收账款　　10 000

附单据 3 张：结算通知单 1 张，进账单回单 1 张，发票 1 张。

结算通知单

2011 年 12 月 23 日

计划号	205	国别	中国	旅游公司名称	北京长城旅行社有限公司	人数	20
旅游团名	B			旅游团类型	普通团		
旅游等级				全陪姓名			
旅游者到离时间	12 月 20 日到 12 月 23 日离开						

项目			拨款结算			
			天数	单价	人数	金额
旅游团综合服务费	综合服务费		2		20	500.00
旅游团综合服务费	住宿费		2		20	1 000.00
旅游团综合服务费	午餐费		2		20	1 000.00
旅游团综合服务费	晚餐费		2		20	
旅游团综合服务费						
旅游团综合服务费	派出全程陪同劳务费					
旅游团综合服务费	计划内拨款	游湖费	2		20	500.00
旅游团综合服务费	计划内拨款	小吃费	1		20	1 000.00
旅游团综合服务费	计划内拨款	门票费				2 000.00
旅游团综合服务费	计划内拨款	附加费				
旅游团综合服务费	计划内拨款	其他				
旅游团综合服务费		旅游团综合服务费合计				6 000.00
旅游者交通费		乘飞机	1			2 000.00
旅游者交通费		行李托运费				
全程陪同费	交通费	乘飞机				
全程陪同费	共餐费					
全程陪同费	住宿费		2		1	2 000.00
全程陪同费	住宿费					
全程陪同费	全程陪同费用合计					4 000.00
拨款结算总计						10 000.00

审核：　　　　　　　　　　制单：王平

ICBC 中国工商银行 进账单 （回单） 2

2011 年 12 月 23 日

出票人	全称	丽江旅行社	收款人	全称	北京长城旅行社有限公司
	账号	1100105454554242		账号	4108645732577
	开户银行	工商银行昆明支行		开户银行	工商银行北京市通州支行

金额	人民币（大写）壹万元整	亿	千	百	十	万	千	百	十	元	角	分
				¥	1	0	0	0	0	0	0	

票据种类	转账支票	票据张数	壹张
票据号码			

复核　　记账　　　　开户银行签章

此联是开户银行交给收款人的回单

北京市服务业、娱乐业、文化体育业专用发票

BEIJING SPECIAL INVOICE FOR SERVICE INDUSTRY ENTERTAINMENT INDUSTRY AND PHYSICAL CULTURE INDUSTRY

记　账　联

ENTRY

发票代码 211000672476
INVOICE CODE
发票号码 97088528
INVOICE NO.
密　　码
PASSWORD
信 息 码 2014060205
INF. NUMBER

54067214-01018639-70885015

税务登记号：110880202045871
TAX REGISTRY NO.
收款单位：北京长城旅行社有限公司
PAYEE
付款单位(个人)：丽江旅行社
PAYER

项目 Item	单价 UNIT PRICE	数量 QUANTITY	金额 AMOUNT CHARGED
综合服务费	10 000.00	1	10 000.00

小写合计 TOTAL IN FIGURES ¥ 10 000.00
大写合计 TOTAL IN CAPITAL 壹万元整

二 记账联

机打号码 Printed No. 97088528
机器编码 Machine No. 008510220912
税控码 Tax control No. 1009 1935 9417 4607 5884

收款员 Cashier
开票日期 Date issued 2011/12/23
收款单位（盖章有效） Payee (seal)
税控机打发票手开无效
Printed by receiver, hand-writing invalid

【例 63】长城旅行社接待 20 人的 C 旅行团，该团于 2011 年 12 月 21 日晚 21 时 30 分抵达该市机场，在该市游览 1 天后，于 12 月 23 日清晨 5 时 25 分未用早餐即乘机离开前往他市。该旅行社到飞机场的接送费为每人次 15 元，综合服务费为每人每天 210 元，则，该旅行社收取的综合服务费和接送费用为 4 800 元，款项收到存入银行。账务处理如下。

营业收入 =210 × 20+15 × 2 × 20=4 800（元）

借：银行存款　　4 800

　　贷：主营业务收入——综合服务收入　　4 200

　　　　　　　　　——接送收入　　600

附单据 3 张：结算通知单 1 张，进账单回单 1 张，发票 1 张。

结算通知单

2011 年 12 月 23 日

计划号	520	国别	中国	旅游公司名称	长城旅行社	人数	20
旅游团名	C			旅游团类型	普通团		
旅游等级				全陪姓名			
旅游者到离时间	12 月 21 日到 12 月 23 日离开						

项目			拨款结算			
			天数	单价	人数	金额
旅游团综合服务费	综合服务费		2		20	4 200.00
	住宿费					
	午餐费					
	晚餐费					
	接送费		2		20	600.00
	派出全程陪同劳务费					
	计划内拨款	游湖费				
		小吃费				
		门票费				
		附加费				
		其他				
		旅游团综合服务费合计				4 800.00
旅游者交通费		乘飞机				
		行李托运费				
全程陪同费	交通费	乘飞机				
	共餐费					
	住宿费					
	全程陪同费用合计					
拨款结算总计						4 800.00

审核：　　　　　　　　　　　　　　　　　　　　制单：王平

ICBC 中国工商银行 进账单 （回单） 2

2011 年 12 月 23 日

<table>
<tr><td rowspan="3">出票人</td><td>全称</td><td>C 旅行团</td><td rowspan="3">收款人</td><td>全称</td><td colspan="11">北京长城旅行社有限公司</td></tr>
<tr><td>账号</td><td>1100105454554242</td><td>账号</td><td colspan="11">4108645732577</td></tr>
<tr><td>开户银行</td><td>工商银行北京市通州支行</td><td>开户银行</td><td colspan="11">工商银行北京市通州支行</td></tr>
<tr><td rowspan="2">金额</td><td colspan="4" rowspan="2">人民币
（大写）肆仟捌佰元整</td><td>亿</td><td>千</td><td>百</td><td>十</td><td>万</td><td>千</td><td>百</td><td>十</td><td>元</td><td>角</td><td>分</td></tr>
<tr><td></td><td></td><td></td><td></td><td>¥</td><td>4</td><td>8</td><td>0</td><td>0</td><td>0</td><td>0</td></tr>
<tr><td>票据种类</td><td>转账支票</td><td>票据张数</td><td>壹张</td><td colspan="12" rowspan="3">开户银行签章</td></tr>
<tr><td>票据号码</td><td colspan="3"></td></tr>
<tr><td colspan="4">复核 记账</td></tr>
</table>

此联是开户银行交给收款人的回单

北京市服务业、娱乐业、文化体育业专用发票

BEIJING SPECIAL INVOICE FOR SERVICE INDUSTRY ENTERTAINMENT INDUSTRY AND PHYSICAL CULTURE INDUSTRY

记 账 联

ENTRY

发票代码 211000672477
INVOICE CODE
发票号码 97088529
INVOICE NO.
密 码 ██████
PASSWORD
信息码 2014060205
INF.NUMBER

54067214-01018639-70885015

税务登记号：110880202045871
TAX REGISTRY NO.

收款单位：北京长城旅行社有限公司
PAYEE

付款单位(个人)： C旅行社
PAYER

项目 Item	单价 UNIT PRICE	数量 QUANTITY	金额 AMOUNT CHARGED
综合服务费	4 200.00	1	¥4 200.00
接送费	600.00	1	¥600.00
小写合计 TOTAL IN FIGURES	¥ 4 800.00		
大写合计 TOTAL IN CAPITAL	肆仟捌佰元整		

二 记账联

机打号码 Printed No. 97088529
机器编码 Machine No. 008510220912
税控码 Tax control No. 1009 1935 9417 4607 5884

收款员 Cashier
开票日期 Date issued 2011/12/23
收款单位（盖章有效） Payee (seal)
税控机打发票手开无效 Printed by receiver,hand-writing invalid

（二）其他业务收入业务

【例 64】2011 年 12 月 23 日，长城旅行社向宏达公司出租大客车一辆，取得租金收入 12 000 元存入银行。账务处理如下。

借：银行存款　　12 000

　　贷：其他业务收入　　12 000

附单据 2 张：进账单回单 1 张，发票 1 张。

ICBC 中国工商银行　进账单　（回单）2

2011 年 12 月 23 日

出票人	全称	北京宏大有限公司	收款人	全称	北京长城旅行社有限公司
	账号	1100105454554242		账号	4108645732577
	开户银行	工商银行北京市通州支行		开户银行	工商银行北京市通州支行
金额	人民币（大写）壹万贰仟元整		亿千百十万千百十元角分		¥1200000
票据种类	转账支票	票据张数	壹张		
票据号码					
复核　记账			开户银行签章		

此联是收款人开户银行交给收款人的回单

北京市服务业、娱乐业、文化体育业专用发票

BEIJING SPECIAL INVOICE FOR SERVICE INDUSTRY ENTERTAINMENT INDUSTRY AND PHYSICAL CULTURE INDUSTRY

记　账　联

ENTRY

发票代码 INVOICE CODE 211000672478

发票号码 INVOICE NO. 97088530

密码 PASSWORD

信息码 INF.NUMBER 2014060205

54067214-01018639-70885015

税务登记号 TAX REGISTRY NO.：110880202045871

收款单位 PAYEE：北京长城旅行社有限公司

付款单位(个人) PAYER：北京宏达有限公司

项目 Item	单价 UNIT PRICE	数量 QUANTITY	金额 AMOUNT CHARGED
租金	12 000.00	1	12 000.00
小写合计 TOTAL IN FIGURES	¥ 12 000.00		
大写合计 TOTAL IN CAPITAL	壹万贰仟元整		

二记账联

机打号码 Printed No. 97088530

机器编码 Machine No. 008510220912

税控码 Tax control No. 1009 1935 9417 4607 5884

收款员 Cashier

开票日期 Date issued 2011/12/23

收款单位（盖章有效）Payee (seal)

税控机打发票手开无效 Printed by receiver,hand-writing invalid

【例 65】2011 年 12 月 23 日，出租一项商标权给宏泰公司，取得租金收入 20 000 元，款项存入银行。账务处理如下。

借：银行存款　　20 000

　　贷：其他业务收入　　20 000

附单据 2 张：进账单回单 1 张，发票 1 张。

ICBC 中国工商银行　进账单　（回单）2

2011 年 12 月 23 日

出票人	全称	北京宏泰有限公司	收款人	全称	北京长城旅行社有限公司
	账号	1100105454554242		账号	4108645732577
	开户银行	工商银行北京市通州支行		开户银行	工商银行北京市通州支行
金额	人民币（大写）贰万元整			亿千百十万千百十元角分	¥2000000
票据种类	转账支票	票据张数	壹张		
票据号码					
复核　记账				开户银行签章	

此联是收款人开户银行交给收款人的回单

北京市服务业、娱乐业、文化体育业专用发票

BEIJING SPECIAL INVOICE FOR SERVICE INDUSTRYENTERTAINMENT INDUSTRY AND PHYSICAL CULTURE INDUSTRY

记账联

ENTRY

发票代码 INVOICE CODE 211000672477

发票号码 INVOICE NO. 97088531

密码 PASSWORD

信息码 INF.NUMBER 2014060205

54067214-01018639-70885015

税务登记号：110880202045871
TAX REGISTRYNO.

收款单位：北京长城旅行社有限公司
PAYEE

付款单位(个人)：平安旅行团
PAYER

项目 Item	单价 UNIT PRICE	数量 QUANTITY	金额 AMOUNT CHARGED
租金	20 000.00	1	20 000.00
小写合计 TOTAL IN FIGURES	¥ 20 000.00		
大写合计 TOTAL IN CAPITAL	贰万元整		

二记账联

机打号码 Printed No. 97088531

机器编码 Machine No. 008510220912

税控码 Tax control No. 1009 1935 9417 4607 5884

收款员 Cashier

开票日期 Date issued 2011/12/23

收款单位（盖章有效）Payee (seal)

税控机打发票手开无效 Printed by receiver,hand-writing invalid

（三）营业外收入业务

【例 66】2011 年 12 月 24 日，长城旅行社收到昆明春城旅行社的违约金（原与春城旅行社签订了接团业务合同，结果因临时变更取消了合同并支付合同规定的违约金）8 000 元。账务处理如下。

借：银行存款　　8 000

　　贷：营业外收入——违约金　　8 000

附单据 1 张：进账单回单 1 张。

ICBC 中国工商银行　　**进账单**　（回单）2

2011 年 12 月 24 日

<table>
<tr><td rowspan="3">出票人</td><td>全 称</td><td>昆明春城旅行社</td><td rowspan="3">收款人</td><td>全 称</td><td colspan="11">北京长城旅行社有限公司</td></tr>
<tr><td>账 号</td><td>300015474679464</td><td>账 号</td><td colspan="11">4108645732577</td></tr>
<tr><td>开户银行</td><td>工商银行昆明支行</td><td>开户银行</td><td colspan="11">工商银行北京市通州支行</td></tr>
<tr><td rowspan="2">金额</td><td colspan="4" rowspan="2">人民币
（大写）捌仟元整</td><td>亿</td><td>千</td><td>百</td><td>十</td><td>万</td><td>千</td><td>百</td><td>十</td><td>元</td><td>角</td><td>分</td></tr>
<tr><td></td><td></td><td></td><td></td><td>¥</td><td>8</td><td>0</td><td>0</td><td>0</td><td>0</td><td>0</td></tr>
<tr><td>票据种类</td><td>转账支票</td><td>票据张数</td><td>壹张</td><td colspan="12" rowspan="3">开户银行签章</td></tr>
<tr><td>票据号码</td><td colspan="3"></td></tr>
<tr><td colspan="4">复核　　记账</td></tr>
</table>

此联是收款人开户银行交给收款人的回单

【例 67】2011 年 12 月 24 日，长城旅行社收到中信公司交来供货违约赔偿金 8 000 元，款项已存入银行。账务处理如下。

借：银行存款　　8 000

　　贷：营业外收入——赔偿金　　8 000

附单据 1 张：进账单回单 1 张。

ICBC 中国工商银行 **进账单** （回单） 2

2011 年 12 月 24 日

<table>
<tr><td rowspan="3">出票人</td><td>全 称</td><td>北京中信公司</td><td rowspan="3">收款人</td><td>全 称</td><td colspan="11">北京长城旅行社有限公司</td></tr>
<tr><td>账 号</td><td>2004050454646164</td><td>账 号</td><td colspan="11">4108645732577</td></tr>
<tr><td>开户银行</td><td>工商银行北京海淀支行</td><td>开户银行</td><td colspan="11">工商银行北京市通州支行</td></tr>
<tr><td rowspan="2">金额</td><td colspan="4" rowspan="2">人民币
（大写）捌仟元整</td><td>亿</td><td>千</td><td>百</td><td>十</td><td>万</td><td>千</td><td>百</td><td>十</td><td>元</td><td>角</td><td>分</td></tr>
<tr><td></td><td></td><td></td><td></td><td>¥</td><td>8</td><td>0</td><td>0</td><td>0</td><td>0</td><td>0</td></tr>
<tr><td>票据种类</td><td>转账支票</td><td>票据张数</td><td>壹张</td><td colspan="12" rowspan="3">开户银行签章</td></tr>
<tr><td>票据号码</td><td colspan="3"></td></tr>
<tr><td colspan="4">复核 记账</td></tr>
</table>

此联是收款人开户银行交给收款人的回单

六、成本费用业务

（一）主营业务成本业务

【例 68】接【例 17】2011 年 12 月 24 日，A101 团导游带团结束回来报销各项游览费 6 500 元。账务处理如下。

借：主营业务成本 6 500

贷：其他应收款 6 000

库存现金 500

附单据 2 张：银行收款凭证 1 张，发票 1 张。

现金支出凭单

2011 年 12 月 24 日

<table>
<tr><td>部门</td><td></td><td>项目名称</td><td></td><td>预算科目</td><td></td></tr>
<tr><td>摘要及用途</td><td colspan="5">支付导游各项旅游费</td></tr>
<tr><td>金额</td><td colspan="5">人民币
（大写）伍佰元整 ¥500.00</td></tr>
<tr><td>备注</td><td colspan="5"></td></tr>
<tr><td colspan="2">领导
批示 张长城</td><td colspan="2">财务
主管 李 娜</td><td colspan="2">部门
主管</td></tr>
</table>

会计：王平 出纳：王丽 证明 / 验收人： 经手人： 领款人：尚雪莹

游览费清单

2011 年 12 月 24 日

计划内拨款	游湖费				2 000.00
	小吃费				3 000.00
	门票费				1 000.00
	附加费				500.00
	其他				
	旅游团综合服务费合计				6 500.00

审核：　　　　　　　　　　　　　　　　　　　　　　　　制单：王平

【例 69】2011 年 12 月 31 日，夕阳红旅行团旅行结束，长城旅行社收到接团社填报的旅游团费用拨款结算通知单，将费用转账到对方账户，并结转成本 30 000 元。账务处理如下。

借：主营业务成本——综合服务成本　　30 000

　　贷：银行存款　　30 000

附单据 3 张：结算通知单 1 张，转账支票存根 1 张，发票 1 张。

夕阳红旅游团费用拨款结算通知单

2011 年 12 月 21 日

计划号	788	国别	中国	旅游公司名称	北京长城旅行社有限公司	人数	20
旅游团名	夕阳红			旅游团类型	普通		
旅游等级				全陪姓名			
旅游者到离时间	12 月 2 日到 12 月 21 日离开						
项目		拨款结算					
		天数	单价	人数	金额		
	综合服务费	20		20	2 000.00		

续表

<table>
<tr><td colspan="3" rowspan="2">项目</td><td colspan="4">拨款结算</td></tr>
<tr><td>天数</td><td>单价</td><td>人数</td><td>金额</td></tr>
<tr><td rowspan="11">旅游团综合服务费</td><td colspan="2">住宿费</td><td>20</td><td></td><td>20</td><td>2 000.00</td></tr>
<tr><td colspan="2">午餐费</td><td>20</td><td></td><td>20</td><td>2 000.00</td></tr>
<tr><td colspan="2">晚餐费</td><td>20</td><td></td><td>20</td><td></td></tr>
<tr><td colspan="2"></td><td></td><td></td><td></td><td></td></tr>
<tr><td colspan="2">派出全程陪同劳务费</td><td></td><td></td><td></td><td>4 000.00</td></tr>
<tr><td rowspan="5">计划内拨款</td><td>游湖费</td><td>20</td><td></td><td>20</td><td>2 000.00</td></tr>
<tr><td>小吃费</td><td>20</td><td></td><td>20</td><td>2 000.00</td></tr>
<tr><td>门票费</td><td></td><td></td><td></td><td>2 000.00</td></tr>
<tr><td>附加费</td><td></td><td></td><td></td><td>2 000.00</td></tr>
<tr><td>其他</td><td></td><td></td><td></td><td>2 000.00</td></tr>
<tr><td></td><td>旅游团综合服务费合计</td><td></td><td></td><td></td><td>20 000.00</td></tr>
<tr><td colspan="2" rowspan="2">旅游者交通费</td><td>乘飞机</td><td>1</td><td></td><td></td><td>5 000.00</td></tr>
<tr><td>行李托运费</td><td></td><td></td><td></td><td></td></tr>
<tr><td rowspan="5">全程陪同费</td><td>交通费</td><td>乘飞机</td><td></td><td></td><td></td><td></td></tr>
<tr><td>共餐费</td><td></td><td></td><td></td><td></td><td></td></tr>
<tr><td rowspan="2">住宿费</td><td></td><td>2</td><td></td><td>1</td><td>5 000.00</td></tr>
<tr><td></td><td></td><td></td><td></td><td></td></tr>
<tr><td colspan="5">全程陪同费用合计</td><td>10 000.00</td></tr>
<tr><td colspan="6">拨款结算总计</td><td>30 000.00</td></tr>
</table>

审核：　　　　　　　　　　　　　　　　　　　　　　　　制单：王平

中国工商银行 （京）
转账支票存根

$\frac{E}{0}\frac{G}{2}$ 01479564

附加信息

出票日期 2011年12月31日

收款人：北京中信旅行社
金 额：¥30 000.00
用 途：支付接团费

单位主管 张娜 会计 王平

北京市服务业、娱乐业、文化体育业专用发票

BEIJING SPECIAL INVOICE FOR SERVICE INDUSTRY ENTERTAINMENT INDUSTRY AND PHYSICAL CULTURE INDUSTRY

发 票 联

INVOICE

发票代码 211000672478
INVOICE CODE
发票号码 89254713
INVOICE NO.
密 码 ████
PASSWORD
信 息 码 2014060205
INF.NUMBER

54067214-01018639-70885015

税务登记号：110108802020445
TAX REGISTRY NO.
收款单位：北京中信旅行社
PAYEE
付款单位(个人)：北京长城旅行社有限公司
PAYER

项 目 Item	单 价 UNIT PRICE	数 量 QUANTITY	金 额 AMOUNT CHARGED
接团费	30 000.00	1	30 000.00
小写合计 TOTAL IN FIGURES	¥30 000.00		
大写合计 TOTAL IN CAPITAL	叁万元整		

第一联 发票联

机打号码 89254713
Printed No.
机器编码 008510220912
Machine No.
税控码 1009 1935 9417 4607 5884
Tax control No.

收款员
Cashier
开票日期 2011/12/31
Date issued
收款单位（盖章有效） 税控机打发票手开无效
Payee (seal) Printed by receiver, hand-writing invalid

【例 70】美国旅行团结束旅游离境，2011 年 12 月 31 日，长城旅行社根据接团社填报的“结算通知单”及有关资料进行审核，审核无误后，支付给接团社各项费用 98 500 元，并结转成本。账务处理如下。

借：主营业务成本　　98 500

　　贷：银行存款　　98 500

附单据 3 张：结算通知单 1 张，转账支票存根 1 张，发票 1 张。

结算通知单

2011 年 12 月 22 日

计划号	1020	国别	中国	旅游公司名称	北京长城旅行社有限公司	人数	20
旅游团名	美国旅行团			旅游团类型	普通团		
旅游等级				全陪姓名			
旅游者到离时间	12 月 2 日到 12 月 22 日离开						

项目			拨款结算			
			天数	单价	人数	金额
旅游团综合服务费	综合服务费		20		20	8 000.00
	住宿费		20		20	9 000.00
	午餐费		20		20	8 000.00
	晚餐费		20		20	
	派出全程陪同劳务费					
	计划内拨款	游湖费	20		20	6 000.00
		小吃费	10		20	7 000.00
		门票费				5 500.00
		附加费				5 000.00
		其他				
		旅游团综合服务费合计				48 500.00
旅游者交通费		乘飞机	2			25 000.00
		行李托运费				5 000.00
全程陪同费	交通费	乘飞机				10 000.00
	共餐费					
	住宿费		20		1	10 000.00
	全程陪同费用合计					20 000
拨款结算总计						98 500.00

审核：　　　　制单：王平

中国工商银行 (京)
转账支票存根

$\frac{E}{0}\frac{G}{2}$ 01479565

附加信息

出票日期 2011年12月31日

收款人：北京春风旅行社
金　额：¥98 500.00
用　途：支付接团费

单位主管 张娜　　会计 王平

北京市服务业、娱乐业、文化体育业专用发票

BEIJING SPECIAL INVOICE FOR SERVICE INDUSTRY ENTERTAINMENT INDUSTRY AND PHYSICAL CULTURE INDUSTRY

发　票　联

INVOICE

发票代码 211000672479
INVOICE CODE
发票号码 97088566
INVOICE NO.
密　　码 ■■■■
PASSWORD
信 息 码 2014060205
INF.NUMBER

54067214-01018639-70885015

税务登记号：110105202044546
TAX REGISTRY NO.
收款单位：北京春风旅行社
PAYEE
付款单位(个人)：北京长城旅行社有限公司
PAYER

项 目 Item	单 价 UNIT PRICE	数 量 QUANTITY	金 额 AMOUNT CHARGED
接团费	98 500.00	1	98 500.00
小写合计 TOTAL IN FIGURES	¥ 98 500.00		
大写合计 TOTAL IN CAPITAL	玖万捌仟伍佰元整		

二 发票联

机打号码 Printed No. 97088566
机器编码 Machine No. 008510220912
税控码 Tax control No. 1009 1935 9417 4607 5884

收款员 Cashier
开票日期 Date issued 2011/12/31
收款单位（盖章有效）Payee (seal)　税控机打发票手开无效 Printed by receiver, hand-writing invalid

【例71】2011年12月31日，长城旅行社支付在接待A旅行团的过程中，发生住宿费5 000元，餐饮费5 000元，全程陪同费6 000元，小吃费5 000元。账务处理如下。

借：主营业务成本　　21 000

　　贷：银行存款　　21 000

附单据5张：费用明细表1张，转账支票存根2张，发票1张，收据1张。

旅游费用明细表

2011年12月31日

项目	金额		
	团体	其他	合计
住宿费	5 000.00		5 000.00
餐饮费	5 000.00		5 000.00
全程陪同费	6 000.00		6 000.00
小吃费	5 000.00		5 000.00
合计	21 000.00		21 000.00

审核：　　　　制单：王平

中国工商银行
转账支票存根　(京)

$\frac{E}{0}\frac{G}{2}$ 01479566

附加信息

出票日期　2011年12月31日

收款人：天龙山度假村
金　额：¥15 000.00
用　途：支付住宿费、餐饮费、等

单位主管 张娜　　会计 王平

北京市服务业、娱乐业、文化体育业专用发票

BEIJING SPECIAL INVOICE FOR SERVICE INDUSTRY ENTERTAINMENT INDUSTRY AND PHYSICAL CULTURE INDUSTRY

发 票 联

INVOICE

发票代码 211000672480
INVOICE CODE
发票号码 70885358
INVOICE NO.
密 码 [redacted]
PASSWORD
信息码 2014060205
INF. NUMBER

54067214-01018639-70885015

税务登记号：110107880244548
TAX REGISTRY NO.

收款单位：北京春风旅行社
PAYEE

付款单位(个人)：北京长城旅行社有限公司
PAYER

项目 Item	单价 UNIT PRICE	数量 QUANTITY	金额 AMOUNT CHARGED
住宿费、餐饮费	15 000.00	1	15 000.00
小写合计 TOTAL IN FIGURES	￥15 000.00		
大写合计 TOTAL IN CAPITAL	壹万伍仟元整		

第一联 发票联

机打号码 70885358
Printed No.
机器编码 008510220912
Machine No.
税控码 1009 1935 9417 4607 5884
Tax control No.

收款员
Cashier
开票日期 2011/12/31
Date issued
收款单位（盖章有效） 税控机打发票手开无效
Payee (seal) Printed by receiver, hand-writing invalid

中国工商银行 (京)
转账支票存根

$\frac{E}{0}\frac{G}{2}$ 01479567

附加信息

出票日期 2011年12月31日

收款人：张丹
金　额：￥6 000.00
用　途：支付全程陪同费

单位主管 张娜　　会计 王平

收 据

2011 年 12 月 31 日　　　　No：023123

今收到　北京长城旅行社有限公司

交来　全程陪同费

人民币
（大写）陆仟元整　　　　¥ 6 000.00

第三联 记账联

收款人：王平　　　　交款人：李娜

【例 72】2011 年 12 月 31 日，长城旅行社在接待 B、C 旅游团过程中，发生门票费 2 500 元，餐费 2 000 元，全程陪同费 1 100 元，结转成本共 5 600 元。账务处理如下

借：主营业务成本　　5 600

　　贷：银行存款　　5 600

附单据 5 张：费用明细表 1 张，转账支票存根 2 张，发票 1 张，收据 1 张。

旅游费用明细表

2011 年 12 月 31 日

项目	金额		
	团体	其他	合计
门票费	2 500.00		2 500.00
餐饮费	2 000.00		2 000.00
全程陪同费	1 100.00		1 100.00
合计	5 600.00		5 600.00

审核：　　　　制单：王平

中国工商银行
转账支票存根 （京）

$\frac{E}{0}\frac{G}{2}$ 01479568

附加信息

出票日期 2011 年 12 月 31 日

收款人：天龙山度假村
金　额：¥4 500.00
用　途：支付门票费、餐饮费

单位主管 张娜　　会计 王平

北京市服务业、娱乐业、文化体育业专用发票

BEIJING SPECIAL INVOICE FOR SERVICE INDUSTRYENTERTAINMENT INDUSTRY AND PHYSICALCULTURE INDUSTRY

发　票　联

INVOICE

发票代码 211000672481
INVOICE CODE
发票号码 70885673
INVOICE NO.
密　　码
PASSWORD
信息码 2014060205
INF.NUMBER

54067214-01018639-70885015

税务登记号：110108020445469
TAX REGISTRYNO.
收款单位：天龙山度假村
PAYEE
付款单位(个人)：北京长城旅行社有限公司
PAYER

项　目 Item	单　价 UNIT PRICE	数　量 QUANTITY	金　额 AMOUNT CHARGED
住宿费、餐饮费	4 500.00	1	4 500.00
小写合计 TOTAL IN FIGURES ¥4 500.00			
大写合计 TOTAL IN CAPITAL 肆仟伍元整			

机打号码 70885673
Printed No.
机器编码 008510220912
Machine No.
税控码 1009 1935 9417 4607 5884
Tax control No.

收款员
Cashier
开票日期 2011/12/31
Date issued
收款单位（盖章有效） 税控机打发票手开无效
Payee (seal) Printed by receiver,hand-writing invalid

一 发票联

中国工商银行 转账支票存根 (京) $\frac{E}{0}\frac{G}{2}$ 01479569
附加信息
出票日期 2011 年 12 月 31日
收款人：韩玲
金　额：¥1 100.00
用　途：支付全程陪同费
单位主管 张娜　　会计 王平

收 据

2011 年 12 月 31 日　　NO：023123

今收到	北京长城旅行社有限公司
交来	全程陪同费
人民币（大写）	壹仟壹佰元整　¥1 100.00

第三联 记账联

收款人：王平　　交款人：李娜

【例 73】2011 年 12 月 31 日，本年度长城旅行社组织的去法国旅游的旅行团未完成旅行，按照计划成本确认本年度的经营成本为 6 850 元。账务处理如下。

借：主营业务成本　　6 850

　　贷：应付账款　　6 850

附单据 1 张：成本计算分配表 1 张。

成本计算分配表

总额	旅游天数		计算	成本额	
	2011 年	2012 年		2011 年	2012 年
10 275	10	5	2011 年的经营业务成本 $=\frac{10275}{15}\times 10=6\ 850$（元） 2012 年的经营业务成本 $=\frac{10275}{15}\times 5=3\ 425$（元）	6 850.00	3 425.00
合计	10	5		6 850.00	3 425.00

审核：　　　　　　　　　　　　　　　　　　　　　　　　　制单：王平

（二）其他业务成本业务

【例 74】2011 年 12 月 31 日，本月取得出租无形资产收入 6 000 元，出租无形资产适用营业税税率为 5%，城建税税率为 7%，教育费附加征收比率为 3%，计算应交税费及教育费附加。账务处理如下。

借：其他业务成本　　300

　　贷：应交税费——应交营业税　　300

借：其他业务成本　　30

　　贷：应交税费——应交城市维护建设税　　21

　　　　　　　　——应交教育费附加　　9

附单据 2 张：营业税计算表 1 张，城市维护建设税，教育费附加计算表 1 张。

应交营业税计算表

编制部门：财务部　　　　　　2011 年 12 月 31 日

应税项目	营业额	适用税率	应交税额
出售无形资产	6 000.00	5%	300.00
合计	6 000.00	5%	300.00

审核：　　　　　　　　　　　　　　　　　　　　　　　　　制单：王平

应交城市维护建设税、教育费附加计算表

编制部门：财务部　　　　2011 年 12 月 31 日

税种	计税基数				税率（或征收比率）	应纳税额
	增值税	消费税	营业税	合计		
城市维护建设税			300.00	300.00	7%	21.00
教育费附加			300.00	300.00	3%	9.00
合计			300.00	300.00	10%	30.00

审核：　　　　制单：王平

【例 75】2011 年 12 月 31 日，本月出租大客车取得收入 12 000 元，适用的营业税税率为 5%，城市维护建设税税率为 7%，教育费附加适用的征收率为 3%，计算应交税费和教育费附加。账务处理如下。

借：其他业务成本　　600
　　贷：应交税费——应交营业税　　600
借：其他业务成本　　60
　　贷：应交税费——应交城市维护建设税　　42
　　　　　　　　——应交教育费附加　　18

附单据 2 张：营业税计算表 1 张，城市维护建设税，教育费附加计算表 1 张。

应交营业税计算表

编制部门：财务部　　　　2011 年 12 月 31 日

应税项目	营业额	适用税率	应交税额
出租客车	12 000.00	5%	600.00
合计	12 000.00	5%	600.00

审核：　　　　制单：王平

应交城市维护建设税、教育费附加计算表

编制部门：财务部　　　　2011 年 12 月 31 日

税种	计税基数				税率（或征收比率）	应纳税额
	增值税	消费税	营业税	合计		
城市维护建设税			600.00	600.00	7%	42.00
教育费附加			600.00	600.00	3%	18.00
合计			600.00	600.00		60.00

审核：　　　　制单：王平

【例 76】2011 年 12 月 31 日，计提 12 月 23 日出租商标权取得收入 20 000 元的成本，适用的营业税率为 5%，城市维护建设税税率为 7%，教育费附加适用的征收率为 3%，计算应交纳的营业税、城市维护建设税和教育费附加。账务处理如下。

借：其他业务成本　　1 000
　　贷：应交税费——应交营业税　　1 000
借：其他业务成本　　100
　　贷：应交税费——应交城市维护建设税　　70
　　　　　　　　——应交教育费附加　　30

附单据 2 张：营业税计算表 1 张，城市维护建设税，教育费附加计算表 1 张。

应交营业税计算表

编制部门：财务部　　　　2011 年 12 月 31 日

应税项目	营业额	适用税率	应交税额
出租商标权	20 000.00	5%	1 000.00
合计	20 000.00	5%	1 000.00

审核：　　　　制单：王平

应交城市维护建设税、教育费附加计算表

编制部门：财务部　　　　2011 年 12 月 31 日

税种	计税基数				税率（或征收比率）	应纳税额
	增值税	消费税	营业税	合计		
城市维护建设税			1 000.00	1 000.00	7%	70.00
教育费附加			1 000.00	1 000.00	3%	30.00
合计			1 000.00	1 000.00		100.00

审核：　　　　　　　　　　　　　　　　　　　　制单：王平

（三）营业外支出业务

【例 77】2011 年 12 月 31 日，A 公司对资产进行清查，盘亏一台设备，其原始价值为 8 000 元，已提折旧 5 000 元。账务处理如下。

借：营业外支出　　3 000

　　累计折旧　　5 000

　　贷：固定资产　　8 000

附单据 1 张：固定资产盘盈、盘亏报告单 1 张。

固定资产盘盈、盘亏报告单

部门：　　　　2011 年 12 月 31 日

固定资产名称	盘盈		盘亏			原因
	数量	价值	数量	原始价值	已提折旧	
旅行设备			1 台	8 000.00	5 000.00	
处理意见	领导批示，同意做盘盈处理，按 3 000 元列入营业外支出					

审核：　　　　　　　　　　　　　　　　　　　　制单：王平

【例 78】2011 年 12 月 31 日，长城旅行社没有按约定履行与江南旅游公司签订的合同，支付给该公司违约金 5 000 元。账务处理如下。

借：营业外支出——违约金　　5 000

　　贷：银行存款　　5 000

附单据 2 张：转账支票存根 1 张，收据 1 张。

中国工商银行 (京)
转账支票存根

$\frac{E}{0}\frac{G}{2}$ 01479570

附加信息

出票日期　2011 年 12 月 31日

收款人：江南旅行社
金　额：¥5 000.00
用　途：支付违约金

单位主管 张娜　　会计 王平

收　据

2011 年 12 月 31 日　　No：023123

今收到　北京长城旅行社有限公司

交来　合同违约金

人民币（大写）　伍仟元整　　¥5 000.00

第三联　记账联

收款人：王平　　交款人：李娜

【例 79】2011 年 12 月 31 日，因环保问题支付罚款 1 000 元。账务处理如下。

借：营业外支出　　1 000

　　贷：银行存款　　1 000

附单据 2 张：收据 1 张，转账支票存根 1 张。

北京非税收入专用收据

（环保罚款）

2011 年 12 月 31 日

付款单位（个人）	北京长城旅行社有限公司
收入项目	罚款
环境污染罚款	¥ 1 000.00
合计金额（大写）	壹仟元整　　¥ 1 000.00
备注	

执收单位（财务专用章）：　　开票人：　刘杰　　收款人：

中国工商银行 (京)
转账支票存根

$\frac{E}{0}\frac{G}{2}$ 01479571

附加信息

出票日期　2011 年 12 月 31日

收款人：市环保局
金　额：¥ 1 000.00
用　途：支付罚款

单位主管 张娜　　会计 王平

（四）营业税金及附加业务

【例 80】2011 年 12 月 31 日，本月共实现营业额 560 900 元。按照 5% 计提营业税。账务处理如下。

应交营业税 =560 900 × 5%=28 045（元）。

借：营业税金及附加　　28 045

　　贷：应交税费——应交营业税　　28 045

附单据 1 张：营业税计算表 1 张。

营业税计算表

2011 年 12 月 31 日

计税项目	计税金额	税率	营业税
营业额	560 900	5%	28 045
合计	560 900		28 045

审核：　　　　　　　　　　　　　　　　　　制单：王平

【例 81】2011 年 12 月 31 日，根据应交纳的营业税为 28 045 元，分别按照 7% 和 3% 的比例计提城市维护建设税和教育费附加。账务处理如下。

借：营业税金及附加　　　　　　　　　　　　2 804.50

　　贷：应交税费——应交城市维护建设税　　　　　　1 963.15

　　　　　　　　——应交教育费附加　　　　　　　　　841.35

附单据 1 张：城市维护建设税和教育费附加计算表 1 张。

城市维护建设税和教育费附加的计算表

2011 年 12 月 31 日　　　　　　　　单位：元

计税项目	金额	备注
本月应交营业税	28 045	
本月应交增值税	0	
本月应交消费税	0	
计税依据	28 045	
本月应交城市维护建设税（7%）	1 963.15	
本月应交教育费附加（3%）	841.35	

审核：　　　　　　　　　　　　　　　　　　制单：王平

（五）销售费用业务

【例 82】2011 年 12 月 31 日，计提旅行社接送客人用大客车的累计折旧共 5 000 元。账务处理如下。

借：销售费用　　　　　　　　　　　　　　5 000

　　贷：累计折旧　　　　　　　　　　　　　　5 000

附单据 1 张：固定资产折旧计算表 1 张。

固定资产折旧计算表

编制部门：财务部　　2011 年 12 月 31 日　　单位：元

固定资产名称	原值	预计可使用年限	预计净残值	可折旧金额	月折旧率	已提折旧额	本月计提折旧额	累计已提折旧额
运输汽车	631 832	10	5%	600 240	0.833	43 539.98	5 000.00	48 539.98
合计	631 832			600 240		43 539.98	5 000.00	48 539.98

审核：　　制单：王平

【例 83】2011 年 12 月 31 日，以银行存款支付奥美广告公司广告费 1 000 元。账务处理如下。

借：销售费用　　1 000

　　贷：银行存款　　1 000

附单据 2 张：转账支票存根 1 张，发票 1 张。

中国工商银行
转账支票存根 (京)

$\frac{E}{0}\frac{G}{2}$ 01479571

附加信息

出票日期　2011 年 12 月 31日

收款人：奥美广告公司
金　额：￥1 000.00
用　途：支付广告费

单位主管 张娜　　会计 王平

北京市服务业、娱乐业、文化体育业专用发票

BEIJING SPECIAL INVOICE FOR SERVICE INDUSTRY ENTERTAINMENT INDUSTRY AND PHYSICAL CULTURE INDUSTRY

发　票　联

INVOICE

发票代码 INVOICE CODE 211000672482
发票号码 INVOICE NO. 97088599
密码 PASSWORD
信息码 INF.NUMBER 2014060205
54067214-01018639-70885015

税务登记号：110104020445470
TAX REGISTRY NO.

收款单位：北京奥美广告公司
PAYEE

付款单位(个人)：北京长城旅行社有限公司
PAYER

项目 Item	单价 UNIT PRICE	数量 QUANTITY	金额 AMOUNT CHARGED
广告	1 000.00	1	1 000.00
小写合计 TOTAL IN FIGURES	¥ 1 000.00		
大写合计 TOTAL IN CAPITAL	壹仟元整		

一发票联

机打号码 Printed No. 97088599
机器编码 Machine No. 008510220912
税控码 Tax control No. 1009 1935 9417 4607 5884

收款员 Cashier
开票日期 Date issued 2011/12/31
收款单位（盖章有效） Payee (seal)
税控机打发票手开无效 Printed by receiver,hand-writing invalid

【例 84】2011 年 12 月 31 日，用银行存款支付业务部门电话费 800 元。账务处理如下。

借：销售费用　　800

　　贷：银行存款　　800

附单据 2 张：转账支票存根 1 张，发票 1 张。

中国工商银行（京）
转账支票存根

$\frac{E}{0}\frac{G}{2}$ 01479572

附加信息

出票日期　2011 年 12 月 31 日

收款人：	北京电信局
金　额：	¥800.00
用　途：	支付电话费

单位主管　张娜　　　会计　王平

北京市邮电通信业、金融保险业专用发票
BEIJING SPECIAL INVOICE FOR POST AND TELEXOMMUNICATION, FINANCE AND INSURANCE INDUSTRY

发 票 联
INVOICE

发票代码 INVOICE CODE 211000672226
发票号码 INVOICE NO. 20444511
密码 PASSWORD [illegible]
信息码 INF.NUMBER 2014060205

税务登记号：110112020445790
TAX REGISTRY NO.
收款单位：北京市电信局
PAYEE
付款单位（个人）：北京长城旅行社有限公司
PAYER

经营项目 Service item	金额 Amount charged
电话费	¥800.00
金额合计（人民币大写）捌佰元整 Total amount(in letters)	¥800.00
机打票号 Printing No. 20444511	税控装置号 Receiver No 1000005511454
税控装置防伪码 Anti-forgery Code 6078212551	开票日期 Date issued 2011-12-31

第一联 发票联

收款单位（盖章有效） Payee (seal)　　税控机打发票手开无效 Printed by receiver, hand-writing invalid

【例 85】2011 年 12 月 31 日，用银行存款支付接送游客用汽车的修理费 2 100 元。账务处理如下。

借：销售费用　　2 100

　　贷：银行存款　　2 100

附单据 2 张：转账支票存根 1 张，发票 1 张。

中国工商银行（京）
转账支票存根

$\frac{E}{0}\frac{G}{2}$ 01479573

附加信息

出票日期 2011 年 12 月 31 日

收款人：北京大众汽车修理厂
金　额：¥2 100.00
用　途：支付汽车修理费

单位主管 张娜　　会计 王平

北京增值税普通发票

发票联

№ 343252528

开票日期：2011 年 12 月 31 日

购货单位	名　　称：北京长城旅行社有限公司 纳税人识别号： 地 址、电 话： 开户行及账号：				密码区	（略）	
货物及应税劳务名称	规格型号	单位	数量	单价	金额	税率	税额
修理费					1 794.81	17%	305.13
合　计					¥1 794.81		¥305.13
价税合计（大写）	贰仟壹佰元整　（小写）¥2 100.00						
销货单位	名　　称：北京吉通汽车修理有限公司 纳税人识别号：115633366256488 地 址、电 话：北京市西城区中华大街 58 号 010 — 58965496 开户行及账号：建行北京西城支行　1168000085946				备注		

第二联 发票联 付款方记账凭证

收款人：　　复核：　　开票人：于江　　销货单位（章）：

【例 86】2011 年 12 月 31 日，用银行存款支付员工工作服装费用 5 000 元。账务处理如下。

借：销售费用　　5 000

　　贷：银行存款　　5 000

附单据 2 张：转账支票存根 1 张，发票 1 张。

中国工商银行 转账支票存根（京）

$\frac{E}{0}\frac{G}{2}$ 01479574

附加信息

出票日期　2011 年 12 月 31日

收款人：北京燕京服装有限公司
金　额：¥5 000.00
用　途：支付员工服装费

单位主管 张娜　　会计 王平

北京市国家税务局通用机打发票

发票联

发票代码 111001172100
发票号码 32523256

开票日期：2011 年 12 月 31 日　　行业分类：商业　　机打号码：32523256

客户名称（全称）：北京长城旅行社有限公司			支票号码：		
商品名称	规格	单位	数量	单价	金额
员工制服		件	100	50	¥5 000.00
人民币合计（大写）伍仟元整					（小写）¥5 000.00
开票单位（盖章）北京燕京服装有限公司		开票人：张丹		税务登记 110223601145356	

第一联 发票联 购货单位付款凭证（手开无效）

发票密码[illegible]

【例 87】2011 年 12 月 31 日，用现金支付接待游客用汽车消毒费 3 000 元。账务处理如下。

借：销售费用　　3 000

　　贷：银行存款　　3 000

附单据 2 张：现金支出凭单 1 张，发票 1 张。

现金支出凭单

2011 年 12 月 31 日

部门		项目名称		预算科目	
摘要及用途	支付汽车消毒费				
金额	人民币（大写）叁仟元整　　¥3 000.00				
备注					
领导批示　张长城		财务主管　李　娜		部门主管	

会计：王平　　出纳：王丽　　证明 / 验收人：　　经手人：　　领款人：葛壮

北京市服务业、娱乐业、文化体育业专用发票

BEIJING SPECIAL INVOICE FOR SERVICE INDUSTRY ENTERTAINMENT INDUSTRY AND PHYSICAL CULTURE INDUSTRY

发 票 联

INVOICE

发票代码 211000672483
INVOICE CODE
发票号码 08852561
INVOICE NO.
密 码 [redacted]
PASSWORD
信息码 2014060205
INF. NUMBER

税务登记号：110108020445471
TAX REGISTRY NO.

收款单位：北京逸品清洁公司
PAYEE

付款单位(个人)：北京长城旅行社有限公司
PAYER

项 目 Item	单 价 UNIT PRICE	数 量 QUANTITY	金 额 AMOUNT CHARGED
消毒费	3 000.00	1	3 000.00
小写合计 TOTAL IN FIGURES ¥3 000.00			
大写合计 TOTAL IN CAPITAL 叁仟元整			

第一联 发票联

机打号码 Printed No. 08852561
机器编码 Machine No. 008510220912
税控码 Tax control No. 1009 1935 9417 4607 5884

收款员 Cashier
开票日期 Date issued 2011/12/23
收款单位（盖章有效）Payee (seal)
税控机打发票手开无效 Printed by receiver, hand-writing invalid

（六）管理费用业务

【例 88】2011 年 12 月 31 日，用银行存款支付本月办公室电费 5 000 元。账务处理如下。

借：管理费用　　5 000

　　贷：银行存款　　5 000

附单据 2 张：转账支票存根 1 张，发票 1 张。

中国工商银行 (京)
转账支票存根

$\frac{E}{0}\frac{G}{2}$ 01479575

附加信息

出票日期　2011 年 12 月 31 日

收款人：北京供电公司
金　额：¥5 000.00
用　途：支付电费

单位主管　张娜　　会计　王平

北京增值税普通发票

No 13178945

发　票　联

开票日期：2011 年 12 月 31 日

<table>
<tr><td rowspan="4">购货单位</td><td colspan="4">名　　称：北京长城旅行社有限公司
纳税人识别号：
地 址、电 话：
开户行及账号：</td><td>密码区</td><td colspan="3">(略)</td></tr>
<tr><td colspan="2">货物及应税劳务名称</td><td>规格型号</td><td>单位</td><td>数量</td><td>单价</td><td>金 额</td><td>税率</td><td>税额</td></tr>
<tr><td colspan="2">电费</td><td></td><td>度</td><td>8 547</td><td>0.5</td><td>4 273.50</td><td>17%</td><td>726.50</td></tr>
<tr><td colspan="2">合　　计</td><td></td><td></td><td></td><td></td><td>4 273.50</td><td></td><td>￥726.50</td></tr>
<tr><td colspan="3">价税合计（大写）</td><td colspan="7">伍仟元整　　　　(小写) ￥5 000.00</td></tr>
<tr><td>销货单位</td><td colspan="4">名　　称：北京通州供电公司
纳税人识别号：111085684485540
地 址、电 话：北京市通州区阳光北大街45号 010—78456258
开户行及账号：工行北京市通州支行　1189000056892</td><td>备注</td><td colspan="4"></td></tr>
</table>

收款人：　　　复核：　　　开票人：黄渤　　　销货单位（章）：

第二联　发票联　付款方记账凭证

【例 89】2011 年 12 月 31 日，用银行存款支付水费 3 000 元。账务处理如下。

借：管理费用　　　　3 000

　　贷：银行存款　　　　3 000

附单据 2 张：转账支票存根 1 张，发票 1 张。

中国工商银行 (京)

转账支票存根

$\frac{E}{0}\frac{G}{2}$ 01479576

附加信息

出票日期　2011 年 12 月 31日

收款人：北京供水公司
金　额：￥3 000.00
用　途：支付水费

单位主管 张娜　　　会计 王平

北京增值税普通发票

No 13178956

发　票　联

开票日期：2011年12月31日

购货单位	名　　称：北京长城旅行社有限公司 纳税人识别号： 地 址、电 话： 开户行及账号：				密码区	(略)	
货物及应税劳务名称	规格型号	单位	数量	单价	金　额	税率	税额
水费		吨	2 830.00	10.00	2 830.00	6%	169.81
合　　计					¥2 830.00		¥169.81
价税合计（大写）	叁仟元整					(小写)	¥3 000.00
销货单位	名　　称：北京通州供电公司 纳税人识别号：111085684485711 地 址、电 话：北京市通州区新华大街93号 010—56258784 开户行及账号：工行北京市通州支行　1189000056743				备注		

收款人：　　复核：　　开票人：黄渤　　销货单位（章）：

第二联　发票联　付款方记账凭证

【例90】2011年12月31日，计提本月办公室用打印机的累计折旧共582.68元。账务处理如下。

借：管理费用　　582.68

　　贷：累计折旧　　582.68

附单据1张：固定资产折旧计算表1张。

固定资产折旧计算表

编制部门：财务部　　2011年12月31日　　金额单位：元

固定资产名称	原值	预计可使用年限	预计净残值	可折旧金额	月折旧率	已提折旧额	本月计提折旧额	累计已提折旧额
打印机	36 793.48	5	5%	34 953.081	1.667	5 700.00	582.68	6282.68
合计	36 793.48			34 953.81	1.667	5 700.00	582.68	6282.68

审核：　　制单：王平

【例 91】2011 年 12 月 31 日，管理部门送来报账发票，业务招待费 600 元，账页费 150 元，清扫费 200 元。经审核无误，当即以现金 950 元补足其备用金定额。账务处理如下。

借：管理费用——业务招待费　　600
　　管理费用——其他费用　　350
　　贷：库存现金　　950

附单据 2 张：费用报销单 1 张，现金支出凭单 1 张。

长城旅行社费用报销单

2011 年 12 月 31 日

报销人	张伟	部门	管理部门		预借款	
费用项目		金额	审核意见	部门主管	同意：张丹	
业务招待费		600.00				
账页费		150.00				
清扫费		200.00		财务主管	同意报销：王宁	
金额合计		（人民币大写）玖佰伍拾元整　（小写）¥950.00				

审核：　　　　制单：王平

现金支出凭单

2011 年 12 月 31 日

部门		项目名称		预算科目	
摘要及用途	报销管理费				
金额	人民币 （大写）玖佰伍拾元整　¥950.00				
备注					
领导 批示　张长城		财务 主管　李　娜		部门 主管　李海	

会计：王平　出纳：李 伟　证明／验收人：　经手人：　领款人：闫阳

【例 92】2011 年 12 月 31 日，摊销无形资产共计 891.84 元。账务处理如下。

借：管理费用　891.84

　贷：累计摊销——专利权　833.50

　　　　　　——商标权　58.34

附单据 1 张：无形资产摊销计算表 1 张。

无形资产摊销计算表（直线法）

编制部门：财务科　　2011 年 12 月 31 日　　单位：元

无形资产名称	达到预定可使用状态时间	原值	摊销年限	月摊销率（%）	已摊销金额	本月摊销额	累计摊销额
专利权	2009.1	100 000.00	10 年	0.833	19 165.5	833.5	19 999.00
商标权	2009.1	7 000.00	10 年	0.833	1 341.82	58.34	1 400.16
合计		107 000.00			20 507.32	891.84	31 399.16

审核：　　制单：王平

（七）财务费用业务

【例 93】2011 年 12 月 31 日，计提本月短期借款利息 1 000 元。账务处理如下。

预提利息 =200 000 ×6% ×1/12 =1 000（元）

借：财务费用　1 000

　贷：应付利息　1 000

附单据 1 张：银行借款利息计算表 1 张。

银行借款利息计算表

2011 年 12 月 31 日

借款种类	金额	月利率	本月应计提利息	备注
生产周转借款	200 000.00	0.5%	1 000.00	200 000.00×0.5%=1 000.00
合计	200 000.00		1 000.00	

主管：　　记账：　　复核：　　制表：王平

【例 94】2011 年 12 月 31 日，长城旅行社将 1 个月前签发并承兑给中大公司的 3 个月期限的带息商业汇票 20 000 元，按 5‰的月利率计提本月份应负担的利息。账务处理如下。

应付利息 =2 000 × 5‰ =100（元）

借：财务费用——利息支出　　100

　　贷：应付票据——中大公司　　100

附单据 1 张：商业承兑汇票利息计算单 1 张。

商业承兑汇票利息计算单

2011 年 12 月 31 日

收款人	面值	票面利率	出票日期	到期日	计息日	票据利息
中大公司	20 000.00	5‰	2011.11.1	2012.2.1	2011.12.31	100.00
合计	20 000.00					100.00

审核：　　　　制单：王平

【例 95】2011 年 12 月 31 日，收到银行存款利息 1 200 元，直接划入公司存款账户。账务处理如下。

借：银行存款　　1 200

　　贷：财务费用　　1 200

附单据 1 张：银行收款凭证 1 张。

ICBC 中国工商银行　　业务回单（收款）凭证

入账日期：2011-12-21　　回单编号：11271000001

付款人户名：

付款人账号：

付款人开户行 / 发报行：

收款人户名：北京长城旅行社有限公司

收款人账号：4108645732577

收款人开户银行：

币种：　人民币（本位币）　　金额（小写）：1 200.00

金额（大写）壹仟贰佰元整

凭证种类：　　凭证号码：

业务（产品）种类：往来户利息入账　　摘要：　利息

交易机构号：0020000533　记账柜员号：00022　交易代码：52056　用途：

起息日期：2011-09-21 止息日期：2011-12-20 息余积数：　123，556，084.82

利率：0.500000% 利息：　1 200.00

调整利息：　0.00　冲正利息：0.00

打印次数：　1　次　机打回单注意重复　打印日期：2011-12-23　打印柜员：02033

【例 96】2011 年 12 月 31 日，用银行存款支付金融业务手续费、工本费共 1 000 元。账务处理如下。

借：财务费用　　1 000

　　贷：银行存款　　1 000

附单据 1 张：银行收费凭证 1 张。

ICBC 中国工商银行　　收费　　凭证

2011 年 12 月 31 日

付款人账号：4108645732577
付款人户名：北京长城旅行社有限公司
付款人开户行 / 发报行：工行通州支行
币种：　人民币（本位币）
合计实收金额（大写）：人民币（本位币）壹仟元整
合计实收金额（小写）：1，000.00　　RMB1,000.00
合计应收金额：　　RMB1,000.00
付费方式：转账
产品名称：手续费，工本费
摘要：　手续费
费用发生日期：2011–12–31　业务发生日：2011–12–31
经办 02118　　复核

打印次数：　1　次　机打回单注意重复　打印日期：2011–12–23　打印柜员：02033

（八）所得税费用业务

【例 97】根据【例 103】–【例 104】[（912 150–757 770.52）]×25%，计提所得税费用 38 594.87。账务处理如下。

借：所得税费用　　38 594.87

　　贷：应交税费——应交所得税　　38 594.87

附单据 1 张：所得税计算表 1 张。

所得税计算表

2011 年 12 月 31 日

计税依据			税率	所得税
本年利润借方	本年利润贷方	贷方 – 借方		
757 770.52	912 150	154 379.48	25%	38 594.87

审核：　　制单：王平

七、所有者权益业务

（一）实收资本业务

【例98】长城旅行社由甲、乙共同投资设立，原注册资本为1 000 000元，甲、乙分别出资510 000元、490 000元。2011年12月31日，宏达公司新加入本公司，投入货币资金300 000元，经协商持股比例为20%，投入后的注册资本为1 250 000元。账务处理如下。

借：银行存款　　300 000

　贷：实收资本——宏达公司　　250 000

　　　资本公积——资本溢价　　50 000

附单据3张：投资协议书1张，收据1张，现金存款凭证1张。

投资协议书（摘要）

投出单位：北京宏达有限公司

投入单位：北京长城旅行社有限公司

……

第三，北京宏达有限公司向北京长城旅行社有限公司投入货币资金30万元，与其在注册资本中享有的份额相等。

第四，北京宏达有限公司必须在2012年1月10日前向北京长城旅行社有限公司出资。

……

北京长城旅行社有限公司2011年12月31日开始接收投资。

专用收款收据

2011年12月31日

付款单位（付款人）	北京宏达公司	收款单位（收款人）	北京长城旅行社有限公司	收款项目	收投资款									
人民币（大写）	人民币叁拾万元整			千	百	十	万	千	百	十	元	角	分	
					¥	3	0	0	0	0	0	0	0	
收款事由	投资款			经办部门										
会计主管 李娜	稽核	出纳 王丽		交款人 周　颖										

ICBC 中国工商银行 进账单 （回单）2

2011 年 12 月 31 日

<table>
<tr><td rowspan="3">出票人</td><td>全 称</td><td>北京宏达有限公司</td><td rowspan="3">收款人</td><td>全 称</td><td colspan="11">北京长城旅行社有限公司</td></tr>
<tr><td>账 号</td><td>3000425554</td><td>账 号</td><td colspan="11">4108645732577</td></tr>
<tr><td>开户银行</td><td>工商银行海淀支行</td><td>开户银行</td><td colspan="11">工商银行北京市通州支行</td></tr>
<tr><td rowspan="2">金额</td><td colspan="4" rowspan="2">人民币
（大写）叁拾万元整</td><td>亿</td><td>千</td><td>百</td><td>十</td><td>万</td><td>千</td><td>百</td><td>十</td><td>元</td><td>角</td><td>分</td></tr>
<tr><td></td><td></td><td>¥</td><td>3</td><td>0</td><td>0</td><td>0</td><td>0</td><td>0</td><td>0</td><td>0</td></tr>
<tr><td>票据种类</td><td>转账支票</td><td>票据张数</td><td>壹张</td><td colspan="12" rowspan="3">开户银行签章</td></tr>
<tr><td>票据号码</td><td colspan="3"></td></tr>
<tr><td colspan="4">复核　　记账</td></tr>
</table>

此联是收款人开户银行交给收款人的回单

【例 99】2011 年 12 月 31 日，长城旅行社接受宏泰股份有限公司投入的土地使用权，投资合约约定价值为 10 000 元。按照合约约定作实收资本入账，合同约定的价值与公允价值相符，不考虑其他因素。账务处理如下。

借：无形资产——土地使用权　　10 000

　　贷：实收资本——宏泰公司　　10 000

附单据 3 张：投资协议书一张，资产评估报告表 1 张，固定资产投入账单 1 张。

投资协议书（摘要）

投出单位：北京宏泰有限公司

投入单位：北京长城旅行社有限公司

……

第三，北京宏泰有限公司向北京长城旅行社有限公司投入土地使用权 1 万元，与其在注册资本中享有的份额相等。

第四，北京宏泰有限公司必须在 2012 年 1 月 10 日前向北京长城旅行社有限公司出资。

……

北京长城旅行社有限公司 2011 年 12 月 31 日开始接收投资。

资产评估报告表

单位：元 委托评估单位：北京宏泰有限公司 评估时间：2011 年 12 月 31 日 编号：1576465

序号	资产名称及规格型号	计量单位	数量	购置时间	开始折旧时间	账面原值			评估价值				差异		备注
						原值	已提摊销	净值	重置价格	摊销年限	摊销额	净值	净值增减额	净值增减率	
1	土地使用权					10 000		10 000	10 000			10 000			完好

评估单位：中信会计师事务所 评估人：张力 评估负责人：宋佳

固定资产投入账单

开票日期： 2011 年 12 月 31 日

<table>
<tr><td rowspan="2">投资单位</td><td>名称</td><td colspan="2">北京宏泰有限公司</td><td colspan="9">企业代码</td><td>201</td></tr>
<tr><td>地址、电话</td><td colspan="2"></td><td colspan="9">开户银行及账号</td><td>市工行</td></tr>
<tr><td>投资名称</td><td>计量单位</td><td>数量</td><td>单价</td><td colspan="9">金额</td><td>投资方式</td></tr>
<tr><td>土地使用权</td><td></td><td></td><td></td><td>百</td><td>十</td><td>万</td><td>千</td><td>百</td><td>十</td><td>元</td><td>角</td><td>分</td><td>无形资产投资</td></tr>
<tr><td>价税合计（大写）</td><td colspan="2">壹万元整</td><td></td><td></td><td>¥</td><td>1</td><td>0</td><td>0</td><td>0</td><td>0</td><td>0</td><td>0</td><td></td></tr>
<tr><td rowspan="2">接受单位</td><td>名称</td><td colspan="2">北京长城旅行社有限公司</td><td colspan="9">企业代码</td><td>258</td></tr>
<tr><td>地址、电话</td><td colspan="2">北京通州通朝大街</td><td colspan="9">开户银行及账号</td><td>工行支行</td></tr>
</table>

审核： 制单：王平

（二）资本公积业务

【例 100】2011 年 12 月 31 日，长城旅行社接受长江股份有限公司投入的固定资产，双方评估确认价值为 120 000 元，在注册资本中所占份额为 100 000 元（500 000×20%）。账务处理如下。

借：固定资产　　　　120 000
　贷：实收资本——长江公司　　　　100 000
　　　资本公积——资本溢价　　　　20 000

附单据 4 张：投资协议书一张，资产评估报告表 1 张，固定资产投入账单 1 张，固定资产入库单 1 张。

投资协议书（摘要）

投出单位：北京长江有限公司

投入单位：北京长城旅行社有限公司

……

第三，北京长江有限公司向北京长城旅行社有限公司投入固定资产 12 万元，与其在注册资本中享有的份额相等。

第四，北京长江有限公司必须在 2012 年 1 月 10 日前向北京长城旅行社有限公司出资。

……

北京长城旅行社有限公司 2011 年 12 月 31 日开始接收投资。

资产评估报告表

单位：元

委托评估单位：北京长江有限公司　评估时间：2011 年 12 月 31 日　　编号：1576464

序号	资产名称及规格型号	计量单位	数量	购置时间	开始折旧时间	账面原值			评估价值				差异		备注
						原值	已提折旧	净值	重置价格	折旧年限	折旧额	净值	净值增减额	净值增减率	
1	设备	台	1			150 000	30 000	120 000	120 000	10		120 000			完好

评估单位：中信会计师事务所　　评估人：张力　　评估负责人：宋佳

固定资产投入账单

开票日期：2011 年 12 月 31 日

<table>
<tr><td rowspan="2">投资单位</td><td>名称</td><td colspan="2">北京长江有限公司</td><td colspan="9">企业代码</td><td>201</td></tr>
<tr><td>地址、电话</td><td colspan="2"></td><td colspan="9">开户银行及账号</td><td>市工行</td></tr>
<tr><td>投资名称</td><td>计量单位</td><td>数量</td><td>单价</td><td colspan="9">金额</td><td>投资方式</td></tr>
<tr><td>设备</td><td>台</td><td>1</td><td>120000</td><td>百</td><td>十</td><td>万</td><td>千</td><td>百</td><td>十</td><td>元</td><td>角</td><td>分</td><td>固定资产投资</td></tr>
<tr><td>价税合计（大写）</td><td colspan="3">人民币壹拾贰万元整</td><td></td><td>1</td><td>2</td><td>0</td><td>0</td><td>0</td><td>0</td><td>0</td><td>0</td><td></td></tr>
<tr><td rowspan="2">接受单位</td><td>名称</td><td colspan="2">北京长城旅行社有限公司</td><td colspan="9">企业代码</td><td>258</td></tr>
<tr><td>地址、电话</td><td colspan="2">北京通州通朝大街</td><td colspan="9">开户银行及账号</td><td>工行支行</td></tr>
</table>

审核：　　　　制单：王平

固定资产入库单

供货单位：　　　　凭证编号：

发票号码：7894316　　　　2011 年 12 月 31 日　　　　产品仓库：3 号

<table>
<tr><td rowspan="2">产品编号</td><td rowspan="2">产品名称</td><td rowspan="2">规格</td><td rowspan="2">单位</td><td colspan="2">数量</td><td rowspan="2">单价</td><td rowspan="2">金额</td></tr>
<tr><td>应收</td><td>实收</td></tr>
<tr><td>301</td><td>设备</td><td></td><td>台</td><td>1</td><td>1</td><td>120 000.00</td><td>120 000.00</td></tr>
<tr><td></td><td></td><td></td><td></td><td></td><td></td><td></td><td></td></tr>
<tr><td></td><td></td><td></td><td></td><td></td><td></td><td></td><td></td></tr>
<tr><td></td><td></td><td></td><td></td><td></td><td></td><td></td><td></td></tr>
</table>

审核：　　　　制单：王平

【例 101】2011 年 12 月 31 日，长城旅行社报经批准后，将资本公积 20 000 元转增资本。依据投资者在注册资本中所占份额确认转增的资本。账务处理如下。

借：资本公积　　20 000

　贷：实收资本——甲　　10 000

　　　　　　——乙　　6 000

　　　　　　——丙　　4 000

附单据 1 张：股东大会决议 1 张。

股份有限公司股东大会决议（范本）

（本范本仅供参考，可根据实际情况自行修改。）

时 间：2011 年 12 月 31 日

地 点：长城旅行社会议室

参加人：张伟　张宏飞等 10 人

主持人：李娜

北京长城旅行社有限公司 股份有限公司股东大会经讨论，形成如下决议：

通过董事会决议《用资本公积 20 000 元转增资本的议案》

全体股东签字：

（法人股东加盖公章并由法定代表人签字，自然人股东亲笔签字）

张伟　张宏飞

北京长城旅行社有限公司盖章

2011 年 12 月 31 日

（三）本年利润业务

【例 102】2011 年 12 月 31 日，将“主营业务收入”、“其他业务收入”、“营业外收入”科目余额转入“本年利润”科目。账务处理如下。

借：主营业务收入	858 150	
其他业务收入	38 000	
营业外收入	16 000	
贷：本年利润		912 150

【例 103】2011 年 12 月 31 日，将“主营业务成本”、“营业税金及附加”“营业外支出”、“其他业务成本”、“管理费用”、“销售费用”、“财务费用”科目余额转入“本年利润”科目。账务处理如下。

借：本年利润	757 770.52	
贷：主营业务成本		168 450
其他业务成本		2 090
营业外支出		9 000
营业税金及附加		30 849.50
管理费用		225 133.52
销售费用		308 037
财务费用		14 210.50

【例 104】2011 年 12 月 31 日，将“所得税费用”转入“本年利润”。账务处理如下。

借：本年利润　　38 594.87

　　贷：所得税费用　　38 594.87

（四）盈余公积业务

【例 105】2011 年 12 月 31 日，净利润 115 784.61 元（912 150–757 770.52–38 594.87）的 10% 计提法定盈余公积。账务处理如下。

借：利润分配——提取的法定盈余公积　　11 578.46

　　贷：盈余公积——法定盈余公积　　11 578.46

（五）利润分配业务

【例 106】2011 年 12 月 31 日，将“盈余公积”转入“利润分配”。账务处理如下。

借：利润分配——未分配利润　　11 578.46

　　贷：利润分配——提取的法定盈余公积　　11 578.46

【例 107】2011 年 12 月 31 日，将“本年利润”（912 150–757 770.52–38 594.87）转入“利润分配”科目。账务处理如下。

借：本年利润　　115 784.61

　　贷：利润分配——未分配利润　　115 784.61

第二章　填制记账凭证

一、流动资产业务记账凭证的填制

（一）库存现金业务记账凭证的填制

记 账 凭 证

2011 年 12 月 1 日　　　　记字第 1 号

摘要	总账科目	明细科目	过账	借方金额										过账	贷方金额									
				千	百	十	万	千	百	十	元	角	分		千	百	十	万	千	百	十	元	角	分
提现	库存现金		√					2	0	0	0	0	0											
	银行存款													√					2	0	0	0	0	0
合　计							¥	2	0	0	0	0	0					¥	2	0	0	0	0	0

附件 1 张

财务主管 李娜　　记账 王伟　　出纳 王丽　　审核 韩玲　　制单 王平

记 账 凭 证

2011 年 12 月 1 日　　　　记字第 2 号

摘要	总账科目	明细科目	过账	借方金额										过账	贷方金额									
				千	百	十	万	千	百	十	元	角	分		千	百	十	万	千	百	十	元	角	分
收到团费	库存现金		√				5	0	0	0	0	0	0											
	应收账款	夕阳红旅行团												√				5	0	0	0	0	0	0
合　计						¥	5	0	0	0	0	0	0				¥	5	0	0	0	0	0	0

附件 2 张

财务主管 李娜　　记账 王伟　　出纳 王丽　　审核 韩玲　　制单 王平

记账凭证

2011年12月2日　　　　记字第 3 号

摘要	总账科目	明细科目	过账	借方金额										过账	贷方金额								
				千	百	十	万	千	百	十	元	角	分		千	百	十	万	千	百	十	元	角	分
存现	银行存款		√				6	0	0	0	0	0	0										
	库存现金													√				6	0	0	0	0	0	0
合计						¥	6	0	0	0	0	0	0				¥	6	0	0	0	0	0	0

附件 1 张

财务主管 李娜　记账 王伟　出纳 王丽　审核 韩玲　制单 王平

（二）银行存款业务记账凭证的填制

记账凭证

2011年12月2日　　　　记字第 4 号

摘要	总账科目	明细科目	过账	借方金额										过账	贷方金额								
				千	百	十	万	千	百	十	元	角	分		千	百	十	万	千	百	十	元	角	分
收到团费	银行存款		√				8	0	0	0	0	0	0										
	应收账款	日本旅行社												√				8	0	0	0	0	0	0
合计						¥	8	0	0	0	0	0	0				¥	8	0	0	0	0	0	0

附件 2 张

财务主管 李娜　记账 王伟　出纳 王丽　审核 韩玲　制单 王平

记账凭证

2011年12月2日　　　　记字第 5 号

摘要	总账科目	明细科目	过账	借方金额										过账	贷方金额								
				千	百	十	万	千	百	十	元	角	分		千	百	十	万	千	百	十	元	角	分
预收团费	银行存款		√			1	1	7	0	0	0	0	0											
	预收账款	美克旅游公司												√			1	1	7	0	0	0	0	0
合　计					¥	1	1	7	0	0	0	0	0			¥	1	1	7	0	0	0	0	0

附件 2 张

财务主管 李娜　　记账 王伟　　出纳 王丽　　审核 韩玲　　制单 王平

记账凭证

2011年12月2日　　　　记字第 6 号

摘要	总账科目	明细科目	过账	借方金额										过账	贷方金额								
				千	百	十	万	千	百	十	元	角	分		千	百	十	万	千	百	十	元	角	分
预收团费	银行存款		√				2	2	8	0	0	0	0											
	预收账款	北京施耐电器公司												√				2	2	8	0	0	0	0
合　计						¥	2	2	8	0	0	0	0				¥	2	2	8	0	0	0	0

附件 2 张

财务主管 李娜　　记账 王伟　　出纳 王丽　　审核 韩玲　　制单 王平

（三）其他货币资金业务记账凭证的填制

记账凭证

2011 年 12 月 2 日　　　　记字第 7 号

摘 要	总账科目	明细科目	过账	借方金额										过账	贷方金额									
				千	百	十	万	千	百	十	元	角	分		千	百	十	万	千	百	十	元	角	分
申请银行汇票	其他货币资金	银行汇票	√			5	0	0	0	0	0	0	0											
	银行存款													√			5	0	0	0	0	0	0	0
合 计					¥	5	0	0	0	0	0	0	0			¥	5	0	0	0	0	0	0	0

附件 2 张

财务主管 李娜　　记账 王伟　　出纳 王丽　　审核 韩玲　　制单 王平

记账凭证

2011 年 12 月 13 日　　　　记字第 8 号

摘 要	总账科目	明细科目	过账	借方金额										过账	贷方金额									
				千	百	十	万	千	百	十	元	角	分		千	百	十	万	千	百	十	元	角	分
购进汽车	固定资产	汽车	√			4	5	0	0	0	0	0	0											
	其他货币资金	银行汇票												√			4	5	0	0	0	0	0	0
合 计					¥	4	5	0	0	0	0	0	0			¥	4	5	0	0	0	0	0	0

附件 3 张

财务主管 李娜　　记账 王伟　　出纳 王丽　　审核 韩玲　　制单 王平

记账凭证

2011 年 12 月 13 日　　　　记字第 9 号

摘 要	总账科目	明细科目	过账	借方金额										过账	贷方金额									
				千	百	十	万	千	百	十	元	角	分		千	百	十	万	千	百	十	元	角	分
收回余款	银行存款		√				5	0	0	0	0	0	0											
	其他货币资金	银行汇票												√				5	0	0	0	0	0	0
合 计						¥	5	0	0	0	0	0	0				¥	5	0	0	0	0	0	0

附件 1 张

财务主管 李娜　　记账 王伟　　出纳 王丽　　审核 韩玲　　制单 王平

（四）应收账款业务记账凭证的填制

记账凭证

2011 年 12 月 3 日　　　　记字第 10 号

摘 要	总账科目	明细科目	过账	借方金额										过账	贷方金额									
				千	百	十	万	千	百	十	元	角	分		千	百	十	万	千	百	十	元	角	分
收回欠款	银行存款		√					8	0	0	0	0	0											
	应收账款	北京京华公司												√					8	0	0	0	0	0
合 计							¥	8	0	0	0	0	0					¥	8	0	0	0	0	0

附件 2 张

财务主管 李娜　　记账 王伟　　出纳 王丽　　审核 韩玲　　制单 王平

记账凭证

2011 年 12 月 13 日　　　　记字第 11 号

摘 要	总账科目	明细科目	过账	借方金额										过账	贷方金额								
				千	百	十	万	千	百	十	元	角	分		千	百	十	万	千	百	十	元	角	分
确认收入	应收账款		√			3	0	0	0	0	0	0	0											
	主营业务收入													√			3	0	0	0	0	0	0	0
合 计					¥	3	0	0	0	0	0	0	0			¥	3	0	0	0	0	0	0	0

附件 1 张

财务主管 李娜　　记账 王伟　　出纳 王丽　　审核 韩玲　　制单 王平

记账凭证

2011 年 12 月 15 日　　　　记字第 12 号

摘 要	总账科目	明细科目	过账	借方金额										过账	贷方金额								
				千	百	十	万	千	百	十	元	角	分		千	百	十	万	千	百	十	元	角	分
收到账款	银行存款		√			2	9	7	0	0	0	0	0											
	财务费用		√					3	0	0	0	0	0											
	应收账款													√			3	0	0	0	0	0	0	0
合 计					¥	3	0	0	0	0	0	0	0			¥	3	0	0	0	0	0	0	0

附件 2 张

财务主管 李娜　　记账 王伟　　出纳 王丽　　审核 韩玲　　制单 王平

（五）应收票据业务记账凭证的填制

记账凭证

2011 年 12 月 5 日　　　　记字第 13 号

摘要	总账科目	明细科目	过账	借方金额										过账	贷方金额									
				千	百	十	万	千	百	十	元	角	分		千	百	十	万	千	百	十	元	角	分
收到商业汇票	应收票据		√				2	5	0	0	0	0	0											
	主营业务收入													√				2	5	0	0	0	0	0
合　计						¥	2	5	0	0	0	0	0				¥	2	5	0	0	0	0	0

附件 2 张

财务主管 李娜　　记账 王伟　　出纳 王丽　　审核 韩玲　　制单 王平

记账凭证

2011 年 12 月 6 日　　　　记字第 14 号

摘要	总账科目	明细科目	过账	借方金额										过账	贷方金额									
				千	百	十	万	千	百	十	元	角	分		千	百	十	万	千	百	十	元	角	分
票据贴现	银行存款		√				2	4	8	3	9	5	0											
	财务费用	利息支出	√						1	6	0	5	0											
	应收票据													√				2	5	0	0	0	0	0
合　计						¥	2	5	0	0	0	0	0				¥	2	5	0	0	0	0	0

附件 1 张

财务主管 李娜　　记账 王伟　　出纳 王丽　　审核 韩玲　　制单 王平

（六）预付账款业务记账凭证的填制

记账凭证

2011年12月7日　　　　记字第 15 号

摘要	总账科目	明细科目	过账	借方金额										过账	贷方金额									
				千	百	十	万	千	百	十	元	角	分		千	百	十	万	千	百	十	元	角	分
预付律师费	预付账款		√					5	0	0	0	0	0											
	银行存款													√					5	0	0	0	0	0
合　计							¥	5	0	0	0	0	0					¥	5	0	0	0	0	0

附件2张

财务主管 李娜　　记账 王伟　　出纳 王丽　　审核 韩玲　　制单 王平

记账凭证

2011年12月7日　　　　记字第 16 号

摘要	总账科目	明细科目	过账	借方金额										过账	贷方金额									
				千	百	十	万	千	百	十	元	角	分		千	百	十	万	千	百	十	元	角	分
预付报刊费	预付账款		√						2	0	0	0	0											
	库存现金													√						2	0	0	0	0
合　计								¥	2	0	0	0	0						¥	2	0	0	0	0

附件2张

财务主管 李娜　　记账 王伟　　出纳 王丽　　审核 韩玲　　制单 王平

（七）其他应收款业务记账凭证的填制

记账凭证

2011 年 12 月 7 日　　　　记字第 17 号

摘　要	总账科目	明细科目	过账	借方金额										过账	贷方金额									
				千	百	十	万	千	百	十	元	角	分		千	百	十	万	千	百	十	元	角	分
拨付旅游费	其他应收款		√					6	0	0	0	0	0											
	库存现金	尚雪莹												√					6	0	0	0	0	0
合　计							¥	6	0	0	0	0	0					¥	6	0	0	0	0	0

附件 2 张

财务主管 李娜　　记账 王伟　　出纳 王丽　　审核 韩玲　　制单 王平

记账凭证

2011 年 12 月 8 日　　　　记字第 18 号

摘　要	总账科目	明细科目	过账	借方金额										过账	贷方金额									
				千	百	十	万	千	百	十	元	角	分		千	百	十	万	千	百	十	元	角	分
预借差旅费	其他应收款		√					5	0	0	0	0	0											
	库存现金	王伟												√					5	0	0	0	0	0
合　计							¥	5	0	0	0	0	0					¥	5	0	0	0	0	0

附件 2 张

财务主管 李娜　　记账 王伟　　出纳 王丽　　审核 韩玲　　制单 王平

记账凭证

2011年12月10日　　　　记字第19号

摘要	总账科目	明细科目	过账	借方金额										过账	贷方金额									
				千	百	十	万	千	百	十	元	角	分		千	百	十	万	千	百	十	元	角	分
报销差旅费	管理费用		√					3	0	0	0	0	0											
	库存现金		√					2	0	0	0	0	0											
	其他应收款													√					5	0	0	0	0	0
合计							¥	5	0	0	0	0	0					¥	5	0	0	0	0	0

附件2张

财务主管 李娜　　记账 王伟　　出纳 王丽　　审核 韩玲　　制单 王平

（八）存货业务记账凭证的填制

1. 库存商品业务记账凭证的填制

记账凭证

2011年12月10日　　　　记字第20号

摘要	总账科目	明细科目	过账	借方金额										过账	贷方金额									
				千	百	十	万	千	百	十	元	角	分		千	百	十	万	千	百	十	元	角	分
购进商品	库存商品		√					9	3	6	0	0	0											
	银行存款													√					9	3	6	0	0	0
合计							¥	9	3	6	0	0	0					¥	9	3	6	0	0	0

附件3张

财务主管 李娜　　记账 王伟　　出纳 王丽　　审核 韩玲　　制单 王平

记 账 凭 证

2011 年 12 月 11 日　　　　记字第 21 号

摘 要	总账科目	明细科目	过账	借方金额										过账	贷方金额								
				千	百	十	万	千	百	十	元	角	分		千	百	十	万	千	百	十	元	角	分
盘盈	库存商品		√					2	0	0	0	0	0											
	管理费用													√					2	0	0	0	0	0
合 计							¥	2	0	0	0	0	0					¥	2	0	0	0	0	0

附件 2 张

财务主管 李娜　　记账 王伟　　出纳 王丽　　审核 韩玲　　制单 王平

2. 周转材料业务记账凭证的填制

记 账 凭 证

2011 年 12 月 12 日　　　　记字第 22 号

摘 要	总账科目	明细科目	过账	借方金额										过账	贷方金额								
				千	百	十	万	千	百	十	元	角	分		千	百	十	万	千	百	十	元	角	分
购进	周转材料	低值易耗品	√					7	5	0	0	0	0											
	银行存款													√					7	5	0	0	0	0
合 计							¥	7	5	0	0	0	0					¥	7	5	0	0	0	0

附件 3 张

财务主管 李娜　　记账 王伟　　出纳 王丽　　审核 韩玲　　制单 王平

记账凭证

2011 年 12 月 13 日　　　　　　　　　　　　记字第 23 号

摘要	总账科目	明细科目	过账	借方金额										过账	贷方金额								
				千	百	十	万	千	百	十	元	角	分		千	百	十	万	千	百	十	元	角	分
领用低值易耗品	管理费用		√					1	5	0	0	0	0										
	周转材料	低值易耗品												√					1	5	0	0	0	0
合　计							¥	1	5	0	0	0	0					¥	1	5	0	0	0	0

附件 2 张

财务主管 李娜　　记账 王伟　　出纳 王丽　　审核 韩玲　　制单 王平

二、非流动资产业务记账凭证的填制

（一）固定资产业务记账凭证的填制

记账凭证

2011 年 12 月 13 日　　　　　　　　　　　　记字第 24 号

摘要	总账科目	明细科目	过账	借方金额										过账	贷方金额								
				千	百	十	万	千	百	十	元	角	分		千	百	十	万	千	百	十	元	角	分
购入打印机	固定资产	打印机	√					7	0	0	0	0	0										
	银行存款													√					7	0	0	0	0	0
合　计							¥	7	0	0	0	0	0					¥	7	0	0	0	0	0

附件 3 张

财务主管 李娜　　记账 王伟　　出纳 王丽　　审核 韩玲　　制单 王平

记账凭证

2011 年 12 月 13 日　　　　　　　　记字第 25 号

摘 要	总账科目	明细科目	过账	借方金额										过账	贷方金额									
				千	百	十	万	千	百	十	元	角	分		千	百	十	万	千	百	十	元	角	分
接受投资	固定资产	汽车	√		1	2	0	0	0	0	0	0	0											
	实收资本													√		1	2	0	0	0	0	0	0	0
合 计				¥	1	2	0	0	0	0	0	0	0		¥	1	2	0	0	0	0	0	0	0

附件 2 张

财务主管 李娜　　记账 王伟　　出纳 王丽　　审核 韩玲　　制单 王平

（二）无形资产业务记账凭证的填制

记账凭证

2011 年 12 月 14 日　　　　　　　　记字第 26 号

摘 要	总账科目	明细科目	过账	借方金额										过账	贷方金额									
				千	百	十	万	千	百	十	元	角	分		千	百	十	万	千	百	十	元	角	分
购入无形资产	无形资产		√				6	3	0	0	0	0	0											
	银行存款													√				6	3	0	0	0	0	0
合 计						¥	6	3	0	0	0	0	0				¥	6	3	0	0	0	0	0

附件 5 张

财务主管 李娜　　记账 王伟　　出纳 王丽　　审核 韩玲　　制单 王平

记账凭证

2011年12月14日　　　　记字第27号

摘要	总账科目	明细科目	过	借方金额										过	贷方金额									
			账	千	百	十	万	千	百	十	元	角	分	账	千	百	十	万	千	百	十	元	角	分
出租专利权	银行存款		√					6	0	0	0	0	0											
	其他业务收入													√					6	0	0	0	0	0
合　计							¥	6	0	0	0	0	0					¥	6	0	0	0	0	0

附件2张

财务主管 李娜　　记账 王伟　　出纳 王丽　　审核 韩玲　　制单 王平

（三）长期待摊费用业务记账凭证的填制

记账凭证

2011年12月15日　　　　记字第 28 号

摘要	总账科目	明细科目	过	借方金额										过	贷方金额									
			账	千	百	十	万	千	百	十	元	角	分	账	千	百	十	万	千	百	十	元	角	分
租入办公楼	长期待摊费用		√				2	0	0	0	0	0	0											
	银行存款													√				2	0	0	0	0	0	0
合　计						¥	2	0	0	0	0	0	0				¥	2	0	0	0	0	0	0

附件3张

财务主管 李娜　　记账 王伟　　出纳 王丽　　审核 韩玲　　制单 王平

三、流动负债业务记账凭证的填制

（一）应交税费业务记账凭证的填制

1. 营业税业务记账凭证的填制

记 账 凭 证

2011 年 12 月 15 日　　　　记字第 29 号

摘 要	总账科目	明细科目	过账	借方金额										过账	贷方金额								
				千	百	十	万	千	百	十	元	角	分		千	百	十	万	千	百	十	元	角	分
交纳营业税	应交税费	应交营业税	√				2	8	0	0	0	0	0											
	银行存款													√				2	8	0	0	0	0	0
合 计						¥	2	8	0	0	0	0	0				¥	2	8	0	0	0	0	0

附件 2 张

财务主管 李娜　　记账 王伟　　出纳 王丽　　审核 韩玲　　制单 王平

2. 城市维护建设税和教育费附加业务记账凭证的填制

记 账 凭 证

2011 年 12 月 15 日　　　　记字第 30 号

摘 要	总账科目	明细科目	过账	借方金额										过账	贷方金额								
				千	百	十	万	千	百	十	元	角	分		千	百	十	万	千	百	十	元	角	分
交纳城市维护建设税和教育费附加	应交税费	应交城市维护建设税	√					1	9	6	0	0	0											
	应交税费	应交教育费附加	√						8	4	0	0	0											
	银行存款													√					2	8	0	0	0	0
合 计							¥	2	8	0	0	0	0					¥	2	8	0	0	0	0

附件 4 张

财务主管 李娜　　记账 王伟　　出纳 王丽　　审核 韩玲　　制单 王平

3. 房产税业务记账凭证的填制

记 账 凭 证

2011 年 12 月 15 日　　　　　　记字第 31 号

摘 要	总账科目	明细科目	过账	借方金额 千	百	十	万	千	百	十	元	角	分	过账	贷方金额 千	百	十	万	千	百	十	元	角	分
交纳房产税	应交税费	应交房产税	√					8	6	4	0	0	0											
	银行存款													√					8	6	4	0	0	0
合 计							¥	8	6	4	0	0	0					¥	8	6	4	0	0	0

附件 3 张

财务主管 李娜　　记账 王伟　　出纳 王丽　　审核 韩玲　　制单 王平

4. 车辆购置税业务记账凭证的填制

记 账 凭 证

2011 年 12 月 15 日　　　　　　记字第 32 号

摘 要	总账科目	明细科目	过账	借方金额 千	百	十	万	千	百	十	元	角	分	过账	贷方金额 千	百	十	万	千	百	十	元	角	分
交纳车辆购置税	应交税费	应交车辆购置税	√			1	4	1	0	2	5	6	0											
	银行存款													√			1	4	1	0	2	5	6	0
合 计					¥	1	4	1	0	2	5	6	0			¥	1	4	1	0	2	5	6	0

附件 2 张

财务主管 李娜　　记账 王伟　　出纳 王丽　　审核 韩玲　　制单 王平

5. 车船税业务记账凭证的填制

记账凭证

2011 年 12 月 15 日　　　　记字第 33 号

摘要	总账科目	明细科目	过账	借方金额										过账	贷方金额									
				千	百	十	万	千	百	十	元	角	分		千	百	十	万	千	百	十	元	角	分
交纳车船税	应交税费	应交车船税	√					3	4	5	0	0	0											
	银行存款													√					3	4	5	0	0	0
合　计							¥	3	4	5	0	0	0					¥	3	4	5	0	0	0

附件 3 张

财务主管 李娜　　记账 王伟　　出纳 王丽　　审核 韩玲　　制单 王平

6. 城镇土地使用税业务记账凭证的填制

记账凭证

2011 年 12 月 15 日　　　　记字第 34 号

摘要	总账科目	明细科目	过账	借方金额										过账	贷方金额									
				千	百	十	万	千	百	十	元	角	分		千	百	十	万	千	百	十	元	角	分
交纳城镇土地使用税	应交税费	应交城镇土地使用税	√				1	5	0	0	0	0	0											
	银行存款													√				1	5	0	0	0	0	0
合　计						¥	1	5	0	0	0	0	0				¥	1	5	0	0	0	0	0

附件 2 张

财务主管 李娜　　记账 王伟　　出纳 王丽　　审核 韩玲　　制单 王平

（二）短期借款业务记账凭证的填制

记账凭证

2011 年 12 月 15 日　　　　记字第 35 号

摘 要	总账科目	明细科目	过	借方金额										过	贷方金额									
			账	千	百	十	万	千	百	十	元	角	分	账	千	百	十	万	千	百	十	元	角	分
借入短期借款	银行存款		√			2	0	0	0	0	0	0	0											
	短期借款													√			2	0	0	0	0	0	0	0
合 计					¥	2	0	0	0	0	0	0	0			¥	2	0	0	0	0	0	0	0

附件 1 张

财务主管 李娜　记账 王伟　出纳 王丽　审核 韩玲　制单 王平

记账凭证

2011 年 12 月 15 日　　　　记字第 36 号

摘 要	总账科目	明细科目	过	借方金额										过	贷方金额									
			账	千	百	十	万	千	百	十	元	角	分	账	千	百	十	万	千	百	十	元	角	分
归还短期借款	短期借款		√			1	0	0	0	0	0	0	0											
	应付利息		√					1	0	0	0	0	0											
	财务费用		√						5	0	0	0	0											
	银行存款													√			1	0	1	5	0	0	0	0
合 计					¥	1	0	1	5	0	0	0	0			¥	1	0	1	5	0	0	0	0

附件 3 张

财务主管 李娜　记账 王伟　出纳 王丽　审核 韩玲　制单 王平

（三）应付账款业务记账凭证的填制

记账凭证

2011 年 12 月 15 日　　　　记字第 37 号

摘要	总账科目	明细科目	过账	借方金额										过账	贷方金额									
				千	百	十	万	千	百	十	元	角	分		千	百	十	万	千	百	十	元	角	分
购进	库存商品		√				2	3	4	0	0	0	0											
	应付账款													√				2	3	4	0	0	0	0
合　计						¥	2	3	4	0	0	0	0				¥	2	3	4	0	0	0	0

附件 2 张

财务主管 李娜　　记账 王伟　　出纳 王丽　　审核 韩玲　　制单 王平

记账凭证

2011 年 12 月 15 日　　　　记字第 38 号

摘要	总账科目	明细科目	过账	借方金额										过账	贷方金额									
				千	百	十	万	千	百	十	元	角	分		千	百	十	万	千	百	十	元	角	分
支付货款	应付账款		√					5	0	0	0	0	0											
	银行存款													√					5	0	0	0	0	0
合　计							¥	5	0	0	0	0	0					¥	5	0	0	0	0	0

附件 1 张

财务主管 李娜　　记账 王伟　　出纳 王丽　　审核 韩玲　　制单 王平

（四）应付票据业务记账凭证的填制

记账凭证

2011 年 12 月 15 日　　　　记字第 39 号

摘要	总账科目	明细科目	过账	借方金额										过账	贷方金额									
				千	百	十	万	千	百	十	元	角	分		千	百	十	万	千	百	十	元	角	分
签发商业汇票	库存商品		√				2	0	0	0	0	0	0											
	应付票据													√				2	0	0	0	0	0	0
合　计						¥	2	0	0	0	0	0	0				¥	2	0	0	0	0	0	0

附件 3 张

财务主管 李娜　　记账 王伟　　出纳 王丽　　审核 韩玲　　制单 王平

记账凭证

2011 年 12 月 16 日　　　　记字第 40 号

摘要	总账科目	明细科目	过账	借方金额										过账	贷方金额									
				千	百	十	万	千	百	十	元	角	分		千	百	十	万	千	百	十	元	角	分
支付票款	应付票据	面值	√				3	0	0	0	0	0	0											
	应付票据	利息	√						3	0	0	0	0											
	财务费用	利息支出	√						1	5	0	0	0											
	银行存款													√				3	0	4	5	0	0	0
合　计						¥	3	0	4	5	0	0	0				¥	3	0	4	5	0	0	0

附件 1 张

财务主管 李娜　　记账 王伟　　出纳 王丽　　审核 韩玲　　制单 王平

（五）应付职工薪酬业务记账凭证的填制

记 账 凭 证

2011 年 12 月 17 日　　　　记字第 41 号

摘 要	总账科目	明细科目	过账	借方金额 千	百	十	万	千	百	十	元	角	分	过账	贷方金额 千	百	十	万	千	百	十	元	角	分
核算职工薪酬、社会保险	销售费用		√			2	9	1	1	3	7	0	0											
	管理费用		√			2	0	9	2	0	9	0	0											
	应付职工薪酬	工资												√			3	4	2	0	0	0	0	0
	应付职工薪酬	职工福利												√				3	4	2	0	0	0	0
	应付职工薪酬	社会保险费												√				6	7	7	1	6	0	0
	应付职工薪酬	住房公积金												√				4	1	0	4	0	0	0
	应付职工薪酬	工会经费												√					6	8	4	0	0	0
	应付职工薪酬	职工教育经费												√					8	5	5	0	0	0
合 计					¥	5	0	0	3	4	6	0	0			¥	5	0	0	3	4	6	0	0

附件 1 张

财务主管 李娜　　记账 王伟　　出纳 王丽　　审核 韩玲　　制单 王平

记 账 凭 证

2011 年 12 月 18 日　　　　记字第 42 号

摘 要	总账科目	明细科目	过账	借方金额 千	百	十	万	千	百	十	元	角	分	过账	贷方金额 千	百	十	万	千	百	十	元	角	分
发放上月职工工资、代缴社会保险	应付职工薪酬	工资	√			3	4	7	2	0	0	0	0											
	其他应付款	社会保险												√				3	8	1	9	2	0	0
	其他应付款	住房公积金												√				4	1	6	6	4	0	0
	应交税费	个人所得税												√				1	3	2	2	5	0	0
	银行存款													√			2	5	4	1	1	9	0	0
合 计					¥	3	4	7	2	0	0	0	0			¥	3	4	7	2	0	0	0	0

附件 2 张

财务主管 李娜　　记账 王伟　　出纳 王丽　　审核 韩玲

记 账 凭 证

2011 年 12 月 18 日　　　　记字第 43 号

摘 要	总账科目	明细科目	过	借方金额										过	贷方金额									
			账	千	百	十	万	千	百	十	元	角	分	账	千	百	十	万	千	百	十	元	角	分
发放员工补助	应付职工薪酬	职工福利	√				2	0	0	0	0	0	0											
	库存现金													√				2	0	0	0	0	0	0
合 计						¥	2	0	0	0	0	0	0				¥	2	0	0	0	0	0	0

附件 2 张

财务主管 李娜　　记账 王伟　　出纳 王丽　　审核 韩玲　　制单 王平

（六）其他应付款业务记账凭证的填制

记 账 凭 证

2011 年 12 月 20 日　　　　记字第 44 号

摘 要	总账科目	明细科目	过	借方金额										过	贷方金额									
			账	千	百	十	万	千	百	十	元	角	分	账	千	百	十	万	千	百	十	元	角	分
计提租金	管理费用		√					3	0	0	0	0	0											
	其他应付款													√					3	0	0	0	0	0
合 计							¥	3	0	0	0	0	0					¥	3	0	0	0	0	0

附件 1 张

财务主管 李娜　　记账 王伟　　出纳 王丽　　审核 韩玲　　制单 王平

记账凭证

2011年12月20日　　　　　　　　记字第 45 号

摘要	总账科目	明细科目	过账	借方金额										过账	贷方金额								
				千	百	十	万	千	百	十	元	角	分		千	百	十	万	千	百	十	元	角	分
收取诚意金	银行存款		√					2	0	0	0	0	0										
	其他应付款													√					2	0	0	0	0	0
合　计							¥	2	0	0	0	0	0					¥	2	0	0	0	0	0

附件2张

财务主管 李娜　　记账 王伟　　出纳 王丽　　审核 韩玲　　制单 王平

（七）预收账款业务记账凭证的填制

记账凭证

2011年12月20日　　　　　　　　记字第 46 号

摘要	总账科目	明细科目	过账	借方金额										过账	贷方金额								
				千	百	十	万	千	百	十	元	角	分		千	百	十	万	千	百	十	元	角	分
预收团款	银行存款		√				1	0	0	0	0	0	0										
	预收账款													√				1	0	0	0	0	0	0
合　计						¥	1	0	0	0	0	0	0				¥	1	0	0	0	0	0	0

附件2张

财务主管 李娜　　记账 王伟　　出纳 王丽　　审核 韩玲　　制单 王平

四、非流动负债业务记账凭证的填制

（一）长期借款业务记账凭证的填制

记账凭证

2011 年 12 月 20 日　　　　记字第 47 号

摘要	总账科目	明细科目	过账	借方金额										过账	贷方金额								
				千	百	十	万	千	百	十	元	角	分		千	百	十	万	千	百	十	元	角	分
借入长期借款	银行存款		√			2	0	0	0	0	0	0	0											
	长期借款													√			2	0	0	0	0	0	0	0
合　计					¥	2	0	0	0	0	0	0	0			¥	2	0	0	0	0	0	0	0

附件 2 张

财务主管 李娜　　记账 王伟　　出纳 王丽　　审核 韩玲　　制单 王平

记账凭证

2011 年 12 月 21 日　　　　记字第 48 号

摘要	总账科目	明细科目	过账	借方金额										过账	贷方金额								
				千	百	十	万	千	百	十	元	角	分		千	百	十	万	千	百	十	元	角	分
偿还长期借款	长期借款		√			3	0	0	0	0	0	0	0											
	应付利息		√				5	2	5	0	0	0	0											
	财务费用	利息支出	√					1	5	0	0	0	0											
	银行存款													√			3	5	4	0	0	0	0	0
合　计					¥	3	5	4	0	0	0	0	0			¥	3	5	4	0	0	0	0	0

附件 3 张

财务主管 李娜　　记账 王伟　　出纳 王丽　　审核 韩玲　　制单 王平

（二）应付债券业务记账凭证的填制

记账凭证

2011 年 12 月 21 日　　　　记字第 49 $\frac{1}{2}$ 号

摘　要	总账科目	明细科目	过账	借方金额										过账	贷方金额									
				千	百	十	万	千	百	十	元	角	分		千	百	十	万	千	百	十	元	角	分
发行债券	银行存款		√			3	0	0	0	0	0	0	0											
	应付债券													√			3	0	0	0	0	0	0	0
合　计					¥	3	0	0	0	0	0	0	0			¥	3	0	0	0	0	0	0	0

附件 1 张

财务主管 李娜　　记账 王伟　　出纳 王丽　　审核 韩玲　　制单 王平

记账凭证

2011 年 12 月 21 日　　　　记字第 49 $\frac{2}{2}$ 号

摘　要	总账科目	明细科目	过账	借方金额										过账	贷方金额									
				千	百	十	万	千	百	十	元	角	分		千	百	十	万	千	百	十	元	角	分
支付发行费用	在建工程	营业厅	√					5	0	0	0	0	0											
	银行存款													√					5	0	0	0	0	0
合　计							¥	5	0	0	0	0	0					¥	5	0	0	0	0	0

附件 2 张

财务主管 李娜　　记账 王伟　　出纳 王丽　　审核 韩玲　　制单 王平

（三）长期应付款业务记账凭证的填制

记 账 凭 证

2011 年 12 月 21 日　　　　记字第 50 号

摘 要	总账科目	明细科目	过账	借方金额										过账	贷方金额									
				千	百	十	万	千	百	十	元	角	分		千	百	十	万	千	百	十	元	角	分
补偿贸易购进设备	固定资产		√			5	8	5	0	0	0	0	0											
	长期应付款													√			5	8	5	0	0	0	0	0
	合 计				¥	5	8	5	0	0	0	0	0			¥	5	8	5	0	0	0	0	0

附件 2 张

财务主管 李娜　　记账 王伟　　出纳 王丽　　审核 韩玲　　制单 王平

五、收入业务记账凭证的填制

（一）主营业务收入业务记账凭证的填制

1. 代售机票收入业务记账凭证的填制

记 账 凭 证

2011 年 12 月 21 日　　　　记字第 51 号

摘 要	总账科目	明细科目	过账	借方金额										过账	贷方金额									
				千	百	十	万	千	百	十	元	角	分		千	百	十	万	千	百	十	元	角	分
代售机票	银行存款		√					2	0	0	0	0	0											
	主营业务收入													√					2	0	0	0	0	0
	合 计						¥	2	0	0	0	0	0					¥	2	0	0	0	0	0

附件 3 张

财务主管 李娜　　记账 王伟　　出纳 王丽　　审核 韩玲　　制单 王平

记账凭证

2011 年 12 月 21 日　　　　　　　　记字第 52 号

摘要	总账科目	明细科目	过账	借方金额										过账	贷方金额								
				千	百	十	万	千	百	十	元	角	分		千	百	十	万	千	百	十	元	角	分
代售机票	银行存款		√				1	0	0	0	0	0	0											
	主营业务收入													√				1	0	0	0	0	0	0
合　计						¥	1	0	0	0	0	0	0				¥	1	0	0	0	0	0	0

附件 3 张

财务主管 李娜　　记账 王伟　　出纳 王丽　　审核 韩玲　　制单 王平

2. 组团收入业务记账凭证的填制

记账凭证

2011 年 12 月 21 日　　　　　　　　记字第 53 号

摘要	总账科目	明细科目	过账	借方金额										过账	贷方金额								
				千	百	十	万	千	百	十	元	角	分		千	百	十	万	千	百	十	元	角	分
确认收入	应收账款		√				5	0	0	0	0	0	0											
	主营业务收入													√				5	0	0	0	0	0	0
合　计						¥	5	0	0	0	0	0	0				¥	5	0	0	0	0	0	0

附件 2 张

财务主管 李娜　　记账 王伟　　出纳 王丽　　审核 韩玲　　制单 王平

记账凭证

2011年12月21日　　　　记第54$\frac{1}{2}$号

摘要	总账科目	明细科目	过账	借方金额										过账	贷方金额									
				千	百	十	万	千	百	十	元	角	分		千	百	十	万	千	百	十	元	角	分
确认收入	应收账款		√				7	2	0	0	0	0	0											
	主营业务收入													√				7	2	0	0	0	0	0
合计						¥	7	2	0	0	0	0	0				¥	7	2	0	0	0	0	0

附件2张

财务主管 李娜　　记账 王伟　　出纳 王丽　　审核 韩玲　　制单 王平

记账凭证

2011年12月21日　　　　记字第54$\frac{2}{2}$号

摘要	总账科目	明细科目	过账	借方金额										过账	贷方金额									
				千	百	十	万	千	百	十	元	角	分		千	百	十	万	千	百	十	元	角	分
支付其他费用	财务费用		√					8	0	0	0	0	0											
	银行存款													√					8	0	0	0	0	0
合计							¥	8	0	0	0	0	0					¥	8	0	0	0	0	0

附件2张

财务主管 李娜　　记账 王伟　　出纳 王丽　　审核 韩玲　　制单 王平

记账凭证

2011年12月22日　　　　记字第55$\frac{1}{2}$号

摘要	总账科目	明细科目	过账	借方金额										过账	贷方金额								
				千	百	十	万	千	百	十	元	角	分		千	百	十	万	千	百	十	元	角	分
确认收入	预收账款		√				1	0	0	0	0	0	0											
	主营业务收入													√				1	0	0	0	0	0	0
合计						¥	1	0	0	0	0	0	0				¥	1	0	0	0	0	0	0

附件2张

财务主管 李娜　　记账 王伟　　出纳 王丽　　审核 韩玲　　制单 王平

记账凭证

2011年12月22日　　　　记字第55$\frac{2}{2}$号

摘要	总账科目	明细科目	过账	借方金额										过账	贷方金额								
				千	百	十	万	千	百	十	元	角	分		千	百	十	万	千	百	十	元	角	分
收回现金	库存现金		√						4	0	0	0	0											
	主营业务收入													√						4	0	0	0	0
合计								¥	4	0	0	0	0						¥	4	0	0	0	0

附件2张

财务主管 李娜　　记账 王伟　　出纳 王丽　　审核 韩玲　　制单 王平

记账凭证

2011 年 12 月 22 日　　　　记字第56$\frac{1}{2}$号

摘 要	总账科目	明细科目	过账	借方金额										过账	贷方金额								
				千	百	十	万	千	百	十	元	角	分		千	百	十	万	千	百	十	元	角	分
退回预收款项	预收账款		√				4	0	5	0	0	0	0										
	库存现金													√				4	0	5	0	0	0	0
合 计						¥	4	0	5	0	0	0	0				¥	4	0	5	0	0	0	0

附件3张

财务主管 李娜　　记账 王伟　　出纳 王丽　　审核 韩玲　　制单 王平

记账凭证

2011 年 12 月 22 日　　　　记字第56$\frac{2}{2}$号

摘 要	总账科目	明细科目	过账	借方金额										过账	贷方金额								
				千	百	十	万	千	百	十	元	角	分		千	百	十	万	千	百	十	元	角	分
收取手续费	预收账款		√					4	5	0	0	0	0										
	主营业务收入													√					4	5	0	0	0	0
合 计							¥	4	5	0	0	0	0					¥	4	5	0	0	0	0

附件3张

财务主管 李娜　　记账 王伟　　出纳 王丽　　审核 韩玲　　制单 王平

记账凭证

2011 年 12 月 22 日　　　　记字第 57 号

摘 要	总账科目	明细科目	过账	借方金额										过账	贷方金额								
				千	百	十	万	千	百	十	元	角	分		千	百	十	万	千	百	十	元	角	分
确认收入	预收账款		√			1	1	7	0	0	0	0	0											
	主营业务收入													√			1	1	7	0	0	0	0	0
合 计					¥	1	1	7	0	0	0	0	0			¥	1	1	7	0	0	0	0	0

附件 2 张

财务主管 李娜　　记账 王伟　　出纳 王丽　　审核 韩玲　　制单 王平

记账凭证

2011 年 12 月 22 日　　　　记字第 58 号

摘 要	总账科目	明细科目	过账	借方金额										过账	贷方金额								
				千	百	十	万	千	百	十	元	角	分		千	百	十	万	千	百	十	元	角	分
委托收款	应收账款		√				6	0	4	5	0	0	0											
	主营业务收入													√				6	0	4	5	0	0	0
合 计						¥	6	0	4	5	0	0	0				¥	6	0	4	5	0	0	0

附件 2 张

财务主管 李娜　　记账 王伟　　出纳 王丽　　审核 韩玲　　制单 王平

记账凭证

2011年12月22日　　　　记字第 59 号

摘 要	总账科目	明细科目	过账	借方金额										过账	贷方金额								
				千	百	十	万	千	百	十	元	角	分		千	百	十	万	千	百	十	元	角	分
确认营业收入	应收账款		√			1	5	2	0	0	0	0	0											
	主营业务收入													√			1	5	2	0	0	0	0	0
合 计				¥	1	5	2	0	0	0	0	0	0			¥	1	5	2	0	0	0	0	0

附件 1 张

财务主管 李娜　　记账 王伟　　出纳 王丽　　审核 韩玲　　制单 王平

3. 接团收入业务记账凭证的填制

记账凭证

2011年12月22日　　　　记字第 60 号

摘 要	总账科目	明细科目	过账	借方金额										过账	贷方金额								
				千	百	十	万	千	百	十	元	角	分		千	百	十	万	千	百	十	元	角	分
确认收入	应收账款		√				4	0	0	0	0	0	0											
	主营业务收入													√				4	0	0	0	0	0	0
合 计						¥	4	0	0	0	0	0	0				¥	4	0	0	0	0	0	0

附件 1 张

财务主管 李娜　　记账 王伟　　出纳 王丽　　审核 韩玲　　制单 王平

记账凭证

2011年12月23日　　　　记字第61号

摘要	总账科目	明细科目	过	借方金额										过	贷方金额									
			账	千	百	十	万	千	百	十	元	角	分	账	千	百	十	万	千	百	十	元	角	分
收到账款	银行存款		√				4	0	0	0	0	0	0											
	应收账款													√				4	0	0	0	0	0	0
合计						¥	4	0	0	0	0	0	0				¥	4	0	0	0	0	0	0

附件2张

财务主管 李娜　　记账 王伟　　出纳 王丽　　审核 韩玲　　制单 王平

记账凭证

2011年12月23日　　　　记字第62$\frac{1}{2}$号

摘要	总账科目	明细科目	过	借方金额										过	贷方金额									
			账	千	百	十	万	千	百	十	元	角	分	账	千	百	十	万	千	百	十	元	角	分
确认收入	应收账款		√				1	0	0	0	0	0	0											
	主营业务收入													√				1	0	0	0	0	0	0
合计						¥	1	0	0	0	0	0	0				¥	1	0	0	0	0	0	0

附件1张

财务主管 李娜　　记账 王伟　　出纳 王丽　　审核 韩玲　　制单 王平

记账凭证

2011 年 12 月 23 日　　　　记字第$62\frac{2}{2}$号

摘要	总账科目	明细科目	过账	借方金额										过账	贷方金额								
				千	百	十	万	千	百	十	元	角	分		千	百	十	万	千	百	十	元	角	分
收到账款	银行存款		√				1	0	0	0	0	0	0											
	应收账款													√				1	0	0	0	0	0	0
合　计						¥	1	0	0	0	0	0	0				¥	1	0	0	0	0	0	0

附件 2 张

财务主管 李娜　　记账 王伟　　出纳 王丽　　审核 韩玲　　制单 王平

记账凭证

2011 年 12 月 23 日　　　　记字第 63 号

摘要	总账科目	明细科目	过账	借方金额										过账	贷方金额								
				千	百	十	万	千	百	十	元	角	分		千	百	十	万	千	百	十	元	角	分
取得收入	银行存款		√					4	8	0	0	0	0											
	主营业务收入													√					4	8	0	0	0	0
合　计							¥	4	8	0	0	0	0					¥	4	8	0	0	0	0

附件 3 张

财务主管 李娜　　记账 王伟　　出纳 王丽　　审核 韩玲　　制单 王平

（二）其他业务收入业务记账凭证的填制

记账凭证

2011 年 12 月 23 日　　　　记字第 64 号

摘要	总账科目	明细科目	过账	借方金额										过账	贷方金额									
				千	百	十	万	千	百	十	元	角	分		千	百	十	万	千	百	十	元	角	分
取得租金收入	银行存款		√				1	2	0	0	0	0	0											
	其他业务收入													√				1	2	0	0	0	0	0
合　计						¥	1	2	0	0	0	0	0				¥	1	2	0	0	0	0	0

附件 2 张

财务主管 李娜　记账 王伟　出纳 王丽　审核 韩玲　制单 王平

记账凭证

2011 年 12 月 23 日　　　　记字第 65 号

摘要	总账科目	明细科目	过账	借方金额										过账	贷方金额									
				千	百	十	万	千	百	十	元	角	分		千	百	十	万	千	百	十	元	角	分
取得租金收入	银行存款		√				2	0	0	0	0	0	0											
	其他业务收入													√				2	0	0	0	0	0	0
合　计						¥	2	0	0	0	0	0	0				¥	2	0	0	0	0	0	0

附件 2 张

财务主管 李娜　记账 王伟　出纳 王丽　审核 韩玲　制单 王平

（三）营业外收入业务记账凭证的填制

记账凭证

2011年12月24日　　　　记字第 66 号

摘 要	总账科目	明细科目	过账	借方金额										过账	贷方金额									
				千	百	十	万	千	百	十	元	角	分		千	百	十	万	千	百	十	元	角	分
收到违约金	银行存款		√					8	0	0	0	0	0											
	营业外收入													√					8	0	0	0	0	0
合 计							¥	8	0	0	0	0	0					¥	8	0	0	0	0	0

附件1张

财务主管 李娜　　记账 王伟　　出纳 王丽　　审核 韩玲　　制单 王平

记账凭证

2011年12月24日　　　　记字第 67 号

摘 要	总账科目	明细科目	过账	借方金额										过账	贷方金额									
				千	百	十	万	千	百	十	元	角	分		千	百	十	万	千	百	十	元	角	分
收到赔偿金	银行存款		√					8	0	0	0	0	0											
	营业外收入													√					8	0	0	0	0	0
合 计							¥	8	0	0	0	0	0					¥	8	0	0	0	0	0

附件1张

财务主管 李娜　　记账 王伟　　出纳 王丽　　审核 韩玲　　制单 王平

六、成本费用业务记账凭证的填制

（一）主营业务成本业务记账凭证的填制

记账凭证

2011年12月24日　　　　记字第 68 号

摘 要	总账科目	明细科目	过	借方金额										过	贷方金额									
			账	千	百	十	万	千	百	十	元	角	分	账	千	百	十	万	千	百	十	元	角	分
报销预借旅游费	主营业务成本		√					6	5	0	0	0	0											
	其他应收款													√					6	0	0	0	0	0
	库存现金													√						5	0	0	0	0
合 计							¥	6	5	0	0	0	0					¥	6	5	0	0	0	0

附件 2 张

财务主管 李娜　　记账 王伟　　出纳 王丽　　审核 韩玲　　制单 王平

记账凭证

2011年12月31日　　　　记字第 69 号

摘 要	总账科目	明细科目	过	借方金额										过	贷方金额									
			账	千	百	十	万	千	百	十	元	角	分	账	千	百	十	万	千	百	十	元	角	分
结转成本	主营业务成本		√				3	0	0	0	0	0	0											
	银行存款													√				3	0	0	0	0	0	0
合 计						¥	3	0	0	0	0	0	0				¥	3	0	0	0	0	0	0

附件 3 张

财务主管 李娜　　记账 王伟　　出纳 王丽　　审核 韩玲　　制单 王平

记账凭证

2011 年 12 月 31 日　　　　记字第 70 号

摘 要	总账科目	明细科目	过账	借方金额										过账	贷方金额								
				千	百	十	万	千	百	十	元	角	分		千	百	十	万	千	百	十	元	角	分
结转成本	主营业务成本		√				9	8	5	0	0	0	0											
	银行存款													√				9	8	5	0	0	0	0
合 计						¥	9	8	5	0	0	0	0				¥	9	8	5	0	0	0	0

附件 3 张

财务主管 李娜　记账 王伟　出纳 王丽　审核 韩玲　制单 王平

记账凭证

2011 年 12 月 31 日　　　　记字第 71 号

摘 要	总账科目	明细科目	过账	借方金额										过账	贷方金额								
				千	百	十	万	千	百	十	元	角	分		千	百	十	万	千	百	十	元	角	分
结转成本	主营业务成本		√				2	1	0	0	0	0	0											
	银行存款													√				2	1	0	0	0	0	0
合 计						¥	2	1	0	0	0	0	0				¥	2	1	0	0	0	0	0

附件 5 张

财务主管 李娜　记账 王伟　出纳 王丽　审核 韩玲　制单 王平

记账凭证

2011年12月31日　　　　记字第72号

摘要	总账科目	明细科目	过账	借方金额										过账	贷方金额									
				千	百	十	万	千	百	十	元	角	分		千	百	十	万	千	百	十	元	角	分
结转成本	主营业务成本		√					5	6	0	0	0	0											
	银行存款													√					5	6	0	0	0	0
合　计							¥	5	6	0	0	0	0					¥	5	6	0	0	0	0

附件5张

财务主管 李娜　　记账 王伟　　出纳 王丽　　审核 韩玲　　制单 王平

记账凭证

2011年12月31日　　　　记字第73号

摘要	总账科目	明细科目	过账	借方金额										过账	贷方金额									
				千	百	十	万	千	百	十	元	角	分		千	百	十	万	千	百	十	元	角	分
确认成本	主营业务成本		√					6	8	5	0	0	0											
	应付账款													√					6	8	5	0	0	0
合　计							¥	6	8	5	0	0	0					¥	6	8	5	0	0	0

附件1张

财务主管 李娜　　记账 王伟　　出纳 王丽　　审核 韩玲　　制单 王平

（二）其他业务成本业务记账凭证的填制

记账凭证

2011 年 12 月 31 日　　　　记字第74$\frac{1}{2}$号

摘 要	总账科目	明细科目	过	借方金额										过	贷方金额									
			账	千	百	十	万	千	百	十	元	角	分	账	千	百	十	万	千	百	十	元	角	分
计提营业税	其他业务成本		√						3	0	0	0	0											
	应交税费	应交营业税												√						3	0	0	0	0
合　计								¥	3	0	0	0	0						¥	3	0	0	0	0

附件 1 张

财务主管 李娜　　记账 王伟　　出纳 王丽　　审核 韩玲　　制单 王平

记账凭证

2011 年 12 月 31 日　　　　记字第74$\frac{2}{2}$号

摘 要	总账科目	明细科目	过	借方金额										过	贷方金额									
			账	千	百	十	万	千	百	十	元	角	分	账	千	百	十	万	千	百	十	元	角	分
计提城建税和教育费附加	其他业务成本		√							3	0	0	0											
	应交税费	应交城市维护建设税												√							2	1	0	0
		应交教育费附加																				9	0	0
合　计									¥	3	0	0	0							¥	3	0	0	0

附件 1 张

财务主管 李娜　　记账 王伟　　出纳 王丽　　审核 韩玲　　制单 王平

记账凭证

2011年12月31日　　　　记字第75 $\frac{1}{2}$ 号

摘要	总账科目	明细科目	过账	借方金额										过账	贷方金额									
				千	百	十	万	千	百	十	元	角	分		千	百	十	万	千	百	十	元	角	分
计提营业税	其他业务成本		√						6	0	0	0	0											
	应交税费	应交营业税												√						6	0	0	0	0
	合　计							¥	6	0	0	0	0						¥	6	0	0	0	0

附件1张

财务主管 李娜　　记账 王伟　　出纳 王丽　　审核 韩玲　　制单 王平

记账凭证

2011年12月31日　　　　记字第75 $\frac{2}{2}$ 号

摘要	总账科目	明细科目	过账	借方金额										过账	贷方金额									
				千	百	十	万	千	百	十	元	角	分		千	百	十	万	千	百	十	元	角	分
计提城建税和教育费附加	其他业务成本		√							6	0	0	0											
	应交税费	应交城市维护建设税												√							4	2	0	0
		应交教育费附加																			1	8	0	0
	合　计								¥	6	0	0	0							¥	6	0	0	0

附件1张

财务主管 李娜　　记账 王伟　　出纳 王丽　　审核 韩玲　　制单 王平

记账凭证

2011年12月31日　　　　记字第76$\frac{1}{2}$号

摘要	总账科目	明细科目	过账	借方金额										过账	贷方金额									
				千	百	十	万	千	百	十	元	角	分		千	百	十	万	千	百	十	元	角	分
计提营业税	其他业务成本		√					1	0	0	0	0	0											
	应交税费	应交营业税												√					1	0	0	0	0	0
合　计							¥	1	0	0	0	0	0					¥	1	0	0	0	0	0

附件1张

财务主管 李娜　　记账 王伟　　出纳 王丽　　审核 韩玲　　制单 王平

记账凭证

2011年12月31日　　　　记字第76$\frac{2}{2}$号

摘要	总账科目	明细科目	过账	借方金额										过账	贷方金额									
				千	百	十	万	千	百	十	元	角	分		千	百	十	万	千	百	十	元	角	分
计提城建税和教育费附加	其他业务成本		√						1	0	0	0	0											
	应交税费	应交城市维护建设税												√							7	0	0	0
		应交教育费附加																			3	0	0	0
合　计								¥	1	0	0	0	0						¥	1	0	0	0	0

附件1张

财务主管 李娜　　记账 王伟　　出纳 王丽　　审核 韩玲　　制单 王平

（三）营业外支出业务记账凭证的填制

记账凭证

2011 年 12 月 31 日　　　　记字第 77 号

摘要	总账科目	明细科目	过账	借方金额										过账	贷方金额									
				千	百	十	万	千	百	十	元	角	分		千	百	十	万	千	百	十	元	角	分
盘亏设备	营业外支出		√					3	0	0	0	0	0											
	累计折旧							5	0	0	0	0	0	√										
	固定资产																		8	0	0	0	0	0
合　计							¥	8	0	0	0	0	0					¥	8	0	0	0	0	0

附件 1 张

财务主管 李娜　　记账 王伟　　出纳 王丽　　审核 韩玲　　制单 王平

记账凭证

2011 年 12 月 31 日　　　　记字第 78 号

摘要	总账科目	明细科目	过账	借方金额										过账	贷方金额									
				千	百	十	万	千	百	十	元	角	分		千	百	十	万	千	百	十	元	角	分
支付违约金	营业外支出		√					5	0	0	0	0	0											
	银行存款													√					5	0	0	0	0	0
合　计							¥	5	0	0	0	0	0					¥	5	0	0	0	0	0

附件 2 张

财务主管 李娜　　记账 王伟　　出纳 王丽　　审核 韩玲　　制单 王平

记账凭证

2011 年 12 月 31 日　　　　　　　　　　记字第 79 号

摘要	总账科目	明细科目	过账	借方金额										过账	贷方金额									
				千	百	十	万	千	百	十	元	角	分		千	百	十	万	千	百	十	元	角	分
支付罚款	营业外支出		√					1	0	0	0	0	0											
	银行存款													√					1	0	0	0	0	0
合　计							¥	1	0	0	0	0	0					¥	1	0	0	0	0	0

附件 2 张

财务主管 李娜　　记账 王伟　　出纳 王丽　　审核 韩玲　　制单 王平

（四）营业税金及附加业务记账凭证的填制

记账凭证

2011 年 12 月 31 日　　　　　　　　　　记字第 80 号

摘要	总账科目	明细科目	过账	借方金额										过账	贷方金额									
				千	百	十	万	千	百	十	元	角	分		千	百	十	万	千	百	十	元	角	分
计提营业税	营业税金及附加		√				2	8	0	4	5	0	0											
	应交税费	应交营业税												√				2	8	0	4	5	0	0
合　计						¥	2	8	0	4	5	0	0				¥	2	8	0	4	5	0	0

附件 1 张

财务主管 李娜　　记账 王伟　　出纳 王丽　　审核 韩玲　　制单 王平

记 账 凭 证

2011 年 12 月 31 日　　　　记字第 81 号

摘要	总账科目	明细科目	过账	借方金额										过账	贷方金额								
				千	百	十	万	千	百	十	元	角	分		千	百	十	万	千	百	十	元	角	分
计提城建税和教育费附加	营业税金及附加		√					2	8	0	4	5	0										
	应交税费	应交城市维护建设税												√					1	9	6	3	1	5
		应交教育费附加																		8	4	1	3	5
合　计							¥	2	8	0	4	5	0					¥	2	8	0	4	5	0

附件 1 张

财务主管 李娜　　记账 王伟　　出纳 王丽　　审核 韩玲　　制单 王平

（五）销售费用业务记账凭证的填制

记 账 凭 证

2011 年 12 月 31 日　　　　记字第 82 号

摘要	总账科目	明细科目	过账	借方金额										过账	贷方金额								
				千	百	十	万	千	百	十	元	角	分		千	百	十	万	千	百	十	元	角	分
计提折旧	销售费用		√					5	0	0	0	0	0										
	累计折旧													√					5	0	0	0	0	0
合　计							¥	5	0	0	0	0	0					¥	5	0	0	0	0	0

附件 1 张

财务主管 李娜　　记账 王伟　　出纳 王丽　　审核 韩玲　　制单 王平

记账凭证

2011年12月31日　　　　记字第 83 号

摘要	总账科目	明细科目	过账	借方金额										过账	贷方金额								
				千	百	十	万	千	百	十	元	角	分		千	百	十	万	千	百	十	元	角	分
支付广告费	销售费用		√					1	0	0	0	0	0											
	银行存款													√					1	0	0	0	0	0
合计							¥	1	0	0	0	0	0					¥	1	0	0	0	0	0

附件2张

财务主管 李娜　记账 王伟　出纳 王丽　审核 韩玲　制单 王平

记账凭证

2011年12月31日　　　　记字第 84 号

摘要	总账科目	明细科目	过账	借方金额										过账	贷方金额								
				千	百	十	万	千	百	十	元	角	分		千	百	十	万	千	百	十	元	角	分
支付电话费	销售费用		√						8	0	0	0	0											
	银行存款													√						8	0	0	0	0
合计								¥	8	0	0	0	0						¥	8	0	0	0	0

附件2张

财务主管 李娜　记账 王伟　出纳 王丽　审核 韩玲　制单 王平

记账凭证

2011年12月31日　　　　记字第 85 号

摘要	总账科目	明细科目	过账	借方金额										过账	贷方金额								
				千	百	十	万	千	百	十	元	角	分		千	百	十	万	千	百	十	元	角	分
支付汽车修理费	销售费用		√					2	1	0	0	0	0										
	银行存款													√					2	1	0	0	0	0
合计							¥	2	1	0	0	0	0					¥	2	1	0	0	0	0

附件 2 张

财务主管 李娜　记账 王伟　出纳 王丽　审核 韩玲　制单 王平

记账凭证

2011年12月31日　　　　记字第 86 号

摘要	总账科目	明细科目	过账	借方金额										过账	贷方金额								
				千	百	十	万	千	百	十	元	角	分		千	百	十	万	千	百	十	元	角	分
支付工装费	销售费用		√					5	0	0	0	0	0										
	银行存款													√					5	0	0	0	0	0
合计							¥	5	0	0	0	0	0					¥	5	0	0	0	0	0

附件 2 张

财务主管 李娜　记账 王伟　出纳 王丽　审核 韩玲　制单 王平

记账凭证

2011 年 12 月 31 日　　　　　　记字第 87 号

摘要	总账科目	明细科目	过账	借方金额										过账	贷方金额								
				千	百	十	万	千	百	十	元	角	分		千	百	十	万	千	百	十	元	角	分
支付汽车消毒费	销售费用		√					3	0	0	0	0	0										
	银行存款													√					3	0	0	0	0	0
合　计							¥	3	0	0	0	0	0					¥	3	0	0	0	0	0

附件 2 张

财务主管 李娜　　记账 王伟　　出纳 王丽　　审核 韩玲　　制单 王平

（六）管理费用业务记账凭证的填制

记账凭证

2011 年 12 月 31 日　　　　　　记字第 88 号

摘要	总账科目	明细科目	过账	借方金额										过账	贷方金额								
				千	百	十	万	千	百	十	元	角	分		千	百	十	万	千	百	十	元	角	分
支付电费	管理费用		√					5	0	0	0	0	0										
	银行存款													√					5	0	0	0	0	0
合　计							¥	5	0	0	0	0	0					¥	5	0	0	0	0	0

附件 2 张

财务主管 李娜　　记账 王伟　　出纳 王丽　　审核 韩玲　　制单 王平

记账凭证

2011 年 12 月 31 日　　　　记字第 89 号

摘 要	总账科目	明细科目	过账	借方金额										过账	贷方金额									
				千	百	十	万	千	百	十	元	角	分		千	百	十	万	千	百	十	元	角	分
支付水费	管理费用		√					3	0	0	0	0	0											
	银行存款													√					3	0	0	0	0	0
合 计							¥	3	0	0	0	0	0					¥	3	0	0	0	0	0

附件 2 张

财务主管 李娜　　记账 王伟　　出纳 王丽　　审核 韩玲　　制单 王平

记账凭证

2011 年 12 月 31 日　　　　记字第 90 号

摘 要	总账科目	明细科目	过账	借方金额										过账	贷方金额									
				千	百	十	万	千	百	十	元	角	分		千	百	十	万	千	百	十	元	角	分
计提折旧	管理费用		√						5	8	2	6	8											
	累计折旧													√						5	8	2	6	8
合 计								¥	5	8	2	6	8						¥	5	8	2	6	8

附件 1 张

财务主管 李娜　　记账 王伟　　出纳 王丽　　审核 韩玲　　制单 王平

记账凭证

2011 年 12 月 31 日　　　　记字第 91 号

摘 要	总账科目	明细科目	过账	借方金额										过账	贷方金额									
				千	百	十	万	千	百	十	元	角	分		千	百	十	万	千	百	十	元	角	分
报销业务招待费等	管理费用		√						9	5	0	0	0											
	库存现金													√						9	5	0	0	0
合 计								¥	9	5	0	0	0						¥	9	5	0	0	0

附件 2 张

财务主管 李娜　　记账 王伟　　出纳 王丽　　审核 韩玲　　制单 王平

记账凭证

2011 年 12 月 31 日　　　　记字第 92 号

摘 要	总账科目	明细科目	过账	借方金额										过账	贷方金额									
				千	百	十	万	千	百	十	元	角	分		千	百	十	万	千	百	十	元	角	分
摊销无形资产	管理费用		√						8	9	1	8	4											
	累计摊销	专利权												√						8	3	3	5	0
		商标权																			5	8	3	4
合 计								¥	8	9	1	8	4						¥	8	9	1	8	4

附件 1 张

财务主管 李娜　　记账 王伟　　出纳 王丽　　审核 韩玲　　制单 王平

（七）财务费用业务记账凭证的填制

记账凭证

2011 年 12 月 31 日　　　　记字第 93 号

摘要	总账科目	明细科目	过账	借方金额										过账	贷方金额									
				千	百	十	万	千	百	十	元	角	分		千	百	十	万	千	百	十	元	角	分
计提利息	财务费用		√					1	0	0	0	0	0											
	应付利息													√					1	0	0	0	0	0
合计							¥	1	0	0	0	0	0					¥	1	0	0	0	0	0

附件 1 张

财务主管 李娜　记账 王伟　出纳 王丽　审核 韩玲　制单 王平

记账凭证

2011 年 12 月 31 日　　　　记字第 94 号

摘要	总账科目	明细科目	过账	借方金额										过账	贷方金额									
				千	百	十	万	千	百	十	元	角	分		千	百	十	万	千	百	十	元	角	分
计提票据利息	财务费用		√						1	0	0	0	0											
	应付票据													√						1	0	0	0	0
合计								¥	1	0	0	0	0						¥	1	0	0	0	0

附件 1 张

财务主管 李娜　记账 王伟　出纳 王丽　审核 韩玲　制单 王平

记账凭证

2011年12月31日　　　　记字第 95 号

摘 要	总账科目	明细科目	过账	借方金额										过账	贷方金额									
				千	百	十	万	千	百	十	元	角	分		千	百	十	万	千	百	十	元	角	分
收到利息收入	银行存款		√					1	2	0	0	0	0											
	财务费用													√					1	2	0	0	0	0
合 计							¥	1	2	0	0	0	0					¥	1	2	0	0	0	0

附件 1 张

财务主管 李娜　　记账 王伟　　出纳 王丽　　审核 韩玲　　制单 王平

记账凭证

2011年12月31日　　　　记字第 96 号

摘 要	总账科目	明细科目	过账	借方金额										过账	贷方金额									
				千	百	十	万	千	百	十	元	角	分		千	百	十	万	千	百	十	元	角	分
支付手续费、工本费	财务费用		√					1	0	0	0	0	0											
	银行存款													√					1	0	0	0	0	0
合 计							¥	1	0	0	0	0	0					¥	1	0	0	0	0	0

附件 1 张

财务主管 李娜　　记账 王伟　　出纳 王丽　　审核 韩玲　　制单 王平

（八）所得税业务记账凭证的填制

记账凭证

2011 年 12 月 31 日　　　　记字第 97 号

摘要	总账科目	明细科目	过账	借方金额										过账	贷方金额									
				千	百	十	万	千	百	十	元	角	分		千	百	十	万	千	百	十	元	角	分
计提所得税	所得税费用		√				3	8	5	9	4	8	7											
	应交税费	应交所得税												√				3	8	5	9	4	8	7
合计						¥	3	8	5	9	4	8	7				¥	3	8	5	9	4	8	7

附件 1 张

财务主管 李娜　　记账 王伟　　出纳 王丽　　审核 韩玲　　制单 王平

七、所有者权益业务记账凭证的填制

（一）实收资本业务记账凭证的填制

记账凭证

2011 年 12 月 31 日　　　　记字第 98 号

摘要	总账科目	明细科目	过账	借方金额										过账	贷方金额									
				千	百	十	万	千	百	十	元	角	分		千	百	十	万	千	百	十	元	角	分
接受投资	银行存款		√			3	0	0	0	0	0	0	0											
	实收资本													√			2	5	0	0	0	0	0	0
	资本公积	资本溢价												√				5	0	0	0	0	0	0
合计					¥	3	0	0	0	0	0	0	0			¥	3	0	0	0	0	0	0	0

附件 3 张

财务主管 李娜　　记账 王伟　　出纳 王丽　　审核 韩玲　　制单 王平

记账凭证

2011年12月31日　　　　记字第99号

摘要	总账科目	明细科目	过账	借方金额										过账	贷方金额									
				千	百	十	万	千	百	十	元	角	分		千	百	十	万	千	百	十	元	角	分
接受投资	无形资产		√				1	0	0	0	0	0	0											
	实收资本		√											√				1	0	0	0	0	0	0
合　计						¥	1	0	0	0	0	0	0				¥	1	0	0	0	0	0	0

附件3张

财务主管 李娜　　记账 王伟　　出纳 王丽　　审核 韩玲　　制单 王平

（二）资本公积业务记账凭证的填制

记账凭证

2011年12月31日　　　　记字第100号

摘要	总账科目	明细科目	过账	借方金额										过账	贷方金额									
				千	百	十	万	千	百	十	元	角	分		千	百	十	万	千	百	十	元	角	分
接受投资	固定资产		√			1	2	0	0	0	0	0	0											
	实收资本													√			1	0	0	0	0	0	0	0
	资本公积	资本溢价												√				2	0	0	0	0	0	0
合　计					¥	1	2	0	0	0	0	0	0			¥	1	2	0	0	0	0	0	0

附件4张

财务主管 李娜　　记账 王伟　　出纳 王丽　　审核 韩玲　　制单 王平

记账凭证

2011 年 12 月 31 日　　　　　　记字第 101 号

摘 要	总账科目	明细科目	过账	借方金额										过账	贷方金额									
				千	百	十	万	千	百	十	元	角	分		千	百	十	万	千	百	十	元	角	分
资本公积转增资本	资本公积		√				2	0	0	0	0	0	0											
	实收资本													√				2	0	0	0	0	0	0
合 计						¥	2	0	0	0	0	0	0				¥	2	0	0	0	0	0	0

附件 1 张

财务主管 李娜　　记账 王伟　　出纳 王丽　　审核 韩玲　　制单 王平

（三）本年利润业务记账凭证的填制

记账凭证

2011 年 12 月 31 日　　　　　　记字第 102 号

摘 要	总账科目	明细科目	过账	借方金额										过账	贷方金额									
				千	百	十	万	千	百	十	元	角	分		千	百	十	万	千	百	十	元	角	分
结转收入	主营业务收入		√			8	5	8	1	5	0	0	0											
	其他业务收入		√				3	8	0	0	0	0	0											
	营业外收入		√				1	6	0	0	0	0	0											
	本年利润													√			9	1	2	1	5	0	0	0
合 计					¥	9	1	2	1	5	0	0	0			¥	9	1	2	1	5	0	0	0

附件 0 张

财务主管 李娜　　记账 王伟　　出纳 王丽　　审核 韩玲　　制单 王平

记账凭证

2011 年 12 月 31 日　　　　记字第 103 号

摘 要	总账科目	明细科目	过账	借方金额										过账	贷方金额									
				千	百	十	万	千	百	十	元	角	分		千	百	十	万	千	百	十	元	角	分
结转成本费用	本年利润		√			7	5	7	7	7	0	5	2											
	主营业务成本													√			1	6	8	4	5	0	0	0
	其他业务成本													√					2	0	9	0	0	0
	营业外支出													√					9	0	0	0	0	0
	营业税金及附加													√				3	0	8	4	9	5	0
	管理费用													√			2	2	5	1	3	3	5	2
	销售费用													√			3	0	8	0	3	7	0	0
	财务费用													√				1	4	2	1	0	5	0
合　计					¥	7	5	7	7	7	0	5	2			¥	7	5	7	7	7	0	5	2

附件 0 张

财务主管 李娜　　记账 王伟　　出纳 王丽　　审核 韩玲　　制单 王平

记账凭证

2011 年 12 月 31 日　　　　记字第 104 号

摘 要	总账科目	明细科目	过账	借方金额										过账	贷方金额									
				千	百	十	万	千	百	十	元	角	分		千	百	十	万	千	百	十	元	角	分
结转所得税	本年利润		√				3	8	5	9	4	8	7											
	所得税费用													√				3	8	5	9	4	8	7
合　计						¥	3	8	5	9	4	8	7				¥	3	8	5	9	4	8	7

附件 0 张

财务主管 李娜　　记账 王伟　　出纳 王丽　　审核 韩玲　　制单 王平

（四）盈余公积业务记账凭证的填制

记账凭证

2011 年 12 月 31 日　　　　记字第 105 号

摘要	总账科目	明细科目	过账	借方金额										过账	贷方金额									
				千	百	十	万	千	百	十	元	角	分		千	百	十	万	千	百	十	元	角	分
提取盈余公积	利润分配	提取的法定盈余公积	√				1	1	5	7	8	4	6											
	盈余公积	法定盈余公积												√				1	1	5	7	8	4	6
合　计						¥	1	1	5	7	8	4	6				¥	1	1	5	7	8	4	6

附件 0 张

财务主管 李娜　记账 王伟　出纳 王丽　审核 韩玲　制单 王平

（五）利润分配业务记账凭证的填制

记账凭证

2011 年 12 月 31 日　　　　记字第 106 号

摘要	总账科目	明细科目	过账	借方金额										过账	贷方金额									
				千	百	十	万	千	百	十	元	角	分		千	百	十	万	千	百	十	元	角	分
结转盈余公积	利润分配	未分配利润	√				1	1	5	7	8	4	6											
	利润分配	提取的法定盈余公积												√				1	1	5	7	8	4	6
合　计						¥	1	1	5	7	8	4	6				¥	1	1	5	7	8	4	6

附件 0 张

财务主管 李娜　记账 王伟　出纳 王丽　审核 韩玲　制单 王平

记账凭证

2011 年 12 月 31 日　　　　记字第 107 号

摘 要	总账科目	明细科目	过账	借方金额										过账	贷方金额								
				千	百	十	万	千	百	十	元	角	分		千	百	十	万	千	百	十	元	角	分
本年利润转入	本年利润		√			1	1	5	7	8	4	6	1											
	利润分配	未分配利润												√			1	1	5	7	8	4	6	1
合 计					¥	1	1	5	7	8	4	6	1			¥	1	1	5	7	8	4	6	1

附件 0 张

财务主管 李娜　　记账 王伟　　出纳 王丽　　审核 韩玲　　制单 王平

第三章 登记明细分类账

一、流动资产明细账的登记

库存现金日记账

2011年		凭证字、号	摘要	借方										核对	贷方										核对	借或贷	余额										核对
月	日			千	百	十	万	千	百	十	元	角	分		千	百	十	万	千	百	十	元	角	分			千	百	十	万	千	百	十	元	角	分	
			期初余额																							借				8	1	2	7	0	6	0	
12	1	1	提现					2	0	0	0	0	0																								
12	1	2	收到团费				5	0	0	0	0	0	0																								
12	7	16	预付报刊费																	2	0	0	0	0													
12	2	3	存现															6	0	0	0	0	0	0													
12	7	17	拨付旅游费																6	0	0	0	0	0													
12	8	18	预借差旅费																5	0	0	0	0	0													
12	10	19	报销差旅费					2	0	0	0	0	0																								
12	18	43	发放员工补															2	0	0	0	0	0	0													
12	22	55²⁄₂	收回现金						4	0	0	0	0																								
12	22	56¹⁄₂	退回预收款															4	0	5	0	0	0	0													
12	24	68	报销预借旅游费																	5	0	0	0	0													
12	31	91	报销业务招待费																	9	5	0	0	0													
			本月合计				5	4	4	0	0	0	0				1	3	3	1	5	0	0	0		借					2	5	2	0	6	0	

银行存款日记账

2011年 月	日	凭证字、号	摘要	借方（千百十万千百十元角分）	核对	贷方（千百十万千百十元角分）	核对	借或贷	余额（千百十万千百十元角分）	核对
			期初余额					借	280000000	
12	1	1	提现			200000				
12	1	3	存现	6000000						
12	2	4	收到团费	8000000						
12	2	5	预收团费	11700000						
12	2	6	预收团费	2280000						
12	2	7	申请银行汇			50000000				
12	3	9	收回余款	5000000						
12	3	10	收回欠款	800000						
12	15	12	收回账款	29700000						
12	6	14	票据贴现	2483950						
12	6	15	预付律师费			500000				
12	10	20	购进			936000				
12	12	22	购进			750000				
12	13	24	购进打印机			700000				
12	14	26	购进无形资产			6300000				
12	14	27	出租专利权	600000						
12	15	28	租入办公楼			2000000				
12	15	29	交纳营业税			2800000				
12	15	30	交城建税和教育费附加			280000				
12	15	31	交纳房产税			864000				
12	15	32	交纳车辆购置税			14102560				
12	15	33	交纳车船税			345000				
12	15	34	交纳城镇土地使用税			1500000				
12	15	35	借入短期借款	200000000						
12	15	36	归还短期借款			10150000				
12	15	38	支付货款			500000				

续表

2011年		凭证字、号	摘要	借方										核对	贷方										核对	借或贷	余额										核对
月	日			千	百	十	万	千	百	十	元	角	分		千	百	十	万	千	百	十	元	角	分			千	百	十	万	千	百	十	元	角	分	
12	16	40	支付票款															3	0	4	5	0	0	0													
12	18	42	发放职工薪酬														2	5	4	1	1	9	0	0													
12	20	45	收取诚意金					2	0	0	0	0	0																								
12	20	46	预收团款				1	0	0	0	0	0	0																								
12	20	47	借入长期借款			2	0	0	0	0	0	0	0																								
12	21	48	偿还长期借款														3	5	4	0	0	0	0	0													
12	21	49 1/2	发行债券			3	0	0	0	0	0	0	0																								
12	21	49 2/2	支付发行费																5	0	0	0	0	0													
12	21	51	代售机票					2	0	0	0	0	0																								
12	21	52	代售机票				1	0	0	0	0	0	0																								
12	21	54 2/2	给予现金折扣																8	0	0	0	0	0													
12	23	61	收回账款				4	0	0	0	0	0	0																								
12	23	62 2/2	收回账款				1	0	0	0	0	0	0																								
12	23	63	取得收入					4	8	0	0	0	0																								
12	23	64	取得租金收入				1	2	0	0	0	0	0																								
12	23	65	取得租金收入				2	0	0	0	0	0	0																								
12	24	66	收到违约金					8	0	0	0	0	0																								
12	24	67	收到赔偿金					8	0	0	0	0	0																								
12	31	69	结转成本															3	0	0	0	0	0	0													
12	31	70	结转成本															9	8	5	0	0	0	0													
12	31	71	结转成本															2	1	0	0	0	0	0													
12	31	72	结转成本																5	6	0	0	0	0													
12	31	78	支付违约金																5	0	0	0	0	0													
12	31	79	支付罚款																1	0	0	0	0	0													
12	31	83	支付广告费																1	0	0	0	0	0													
12	31	84	支付电话费																	8	0	0	0	0													
12	31	85	支付汽车修理费																2	1	0	0	0	0													
12	31	86	支付工装费																5	0	0	0	0	0													
12	31	87	支付汽车消毒费																3	0	0	0	0	0													
12	31	88	支付电费																5	0	0	0	0	0													

续表

2011年		凭证字、号	摘要	借方										核对	贷方										核对	借或贷	余额										核对
月	日			千	百	十	万	千	百	十	元	角	分		千	百	十	万	千	百	十	元	角	分			千	百	十	万	千	百	十	元	角	分	
12	31	89	支付水费																3	0	0	0	0	0													
12	31	95	收到利息收入					1	2	0	0	0	0																								
12	31	96	支付手续费、工本费																1	0	0	0	0	0													
12	31	98	接受投资			3	0	0	0	0	0	0	0																								
			本月合计		1	7	9	3	6	3	9	5	0			1	7	5	2	8	4	4	6	0		借		2	8	4	0	7	9	4	9	0	

明细分类账

总账科目 其他货币资金

明细科目＿＿＿＿

2011年		记账凭证号数	摘要	页数	借方											贷方											借或贷	余额										
月	日				十	亿	千	百	十	万	千	百	十	元	角	分	十	亿	千	百	十	万	千	百	十	元	角	分		十	亿	千	百	十	万	千	百	十	元	角	分
			期初余额																										借						1	0	5	0	0	0	0
12	2	7	申请银行汇票						5	0	0	0	0	0	0	0																									
12	3	8	购买汽车																		4	5	0	0	0	0	0	0													
12	3	9	收回余款																			5	0	0	0	0	0	0													
			本月合计						5	0	0	0	0	0	0	0					5	0	0	0	0	0	0	0	借						1	0	5	0	0	0	0

明细分类账

总账科目 应收票据

明细科目

2011年		记账凭证号数	摘要	页数	借方												贷方												借或贷	余额											
月	日				十	亿	千	百	十	万	千	百	十	元	角	分	十	亿	千	百	十	万	千	百	十	元	角	分		十	亿	千	百	十	万	千	百	十	元	角	分
			期初余额																										借					1	7	9	0	0	0	0	0
12	5	13	收到商业汇票							2	5	0	0	0	0	0																									
12	6	14	票据贴现																			2	5	0	0	0	0	0													
			本月合计							2	5	0	0	0	0	0						2	5	0	0	0	0	0	借					1	7	9	0	0	0	0	0

明细分类账

总账科目 应收账款

明细科目

2011年		记账凭证号数	摘要	页数	借方												贷方												借或贷	余额											
月	日				十	亿	千	百	十	万	千	百	十	元	角	分	十	亿	千	百	十	万	千	百	十	元	角	分		十	亿	千	百	十	万	千	百	十	元	角	分
			期初余额																										借				1	4	0	0	0	0	0	0	0
12	1	2	收到团费																			5	0	0	0	0	0	0													
12	2	4	收到团费																			8	0	0	0	0	0	0													
12	3	10	收回欠款																				8	0	0	0	0	0													
12	13	11	确认收入						3	0	0	0	0	0	0	0																									
12	15	12	收到款项																		3	0	0	0	0	0	0	0													
12	21	53	确认收入							5	0	0	0	0	0	0																									
12	21	54 1/2	确认收入							7	2	0	0	0	0	0																									
12	22	58	委托收款							6	0	4	5	0	0	0																									
12	22	59	确认收入						1	5	2	0	0	0	0	0																									
12	22	60	确认收入							4	0	0	0	0	0	0																									
12	23	61	收到款项																			4	0	0	0	0	0	0													
12	23	62 1/2	确认收入							1	0	0	0	0	0	0																									
12	23	62 2/2	收到款项																			1	0	0	0	0	0	0													
			本月合计						6	8	4	4	5	0	0	0					4	8	8	0	0	0	0	0	借				1	5	9	6	4	5	0	0	0

明细分类账

总账科目 其他应收款

明细科目

2011年 月	日	记账凭证号数	摘要	页数	借方	贷方	借或贷	余额
			期初余额				借	18106500
12	7	17	拨付旅游费		600000			
12	8	18	预借差旅费		500000			
12	10	19	报销差旅费			500000		
12	24	68	报销预借旅游费			600000		
			本月合计		1100000	1100000	借	18106500

明细分类账

总账科目 预付账款

明细科目

2011年 月	日	记账凭证号数	摘要	页数	借方	贷方	借或贷	余额
			期初余额				借	73600000
12	6	15	预付律师费		500000			
12	7	16	预付报刊费		20000			
			本月合计		520000		借	74120000

明细分类账

总账科目 库存商品

明细科目

2011年 月	日	记账凭证号数	摘要	页数	借方	贷方	借或贷	余额
			期初余额				借	20000000
12	10	20	购进		936000			
12	11	21	盘盈		200000			
12	15	37	购进		2340000			
12	15	39	签发汇票购进商品		2000000			
			本月合计		5476000		借	25476000

明细分类账

总账科目 周转材料

明细科目

2011年 月	日	记账凭证号数	摘要	页数	借方	贷方	借或贷	余额
			期初余额				借	5730000
12	12	22	购进		750000			
12	13	23	领用			150000		
			本月合计		750000	150000	借	6330000

二、非流动资产明细账的登记

明细分类账

总账科目 固定资产

明细科目 ________

2011年		记账凭证号数	摘要	页数	借方												贷方												借或贷	余额											
月	日				十	亿	千	百	十	万	千	百	十	元	角	分	十	亿	千	百	十	万	千	百	十	元	角	分		十	亿	千	百	十	万	千	百	十	元	角	分
			期初余额																										借				3	0	0	0	0	0	0	0	0
12	3	8	购进汽车						4	5	0	0	0	0	0	0																									
12	13	24	购入打印机								7	0	0	0	0	0																									
12	13	25	接受投资					1	2	0	0	0	0	0	0	0																									
12	21	50	补偿贸易购进						5	8	5	0	0	0	0	0																									
12	31	77	盘亏																				8	0	0	0	0	0													
12	31	100	接受投资						1	2	0	0	0	0	0	0																									
			本月合计					2	3	6	2	0	0	0	0	0							8	0	0	0	0	0	借				5	3	5	4	0	0	0	0	0

明细分类账

总账科目 累计折旧

明细科目 ________

2011年		记账凭证号数	摘要	页数	借方												贷方												借或贷	余额											
月	日				十	亿	千	百	十	万	千	百	十	元	角	分	十	亿	千	百	十	万	千	百	十	元	角	分		十	亿	千	百	十	万	千	百	十	元	角	分
			期初余额																										贷					2	5	0	0	0	0	0	0
12	31	77	盘亏设备								5	0	0	0	0	0																									
12	31	82	计提折旧																				5	0	0	0	0	0													
12	31	90	计提折旧																					5	8	2	6	8													
			本月合计								5	0	0	0	0	0							5	5	8	2	6	8	贷					2	5	0	5	8	2	6	8

明细分类账

总账科目 在建工程

明细科目＿＿＿＿＿＿

2011年		记账凭证号数	摘要	页数	借方											贷方											借或贷	余额										
月	日				十	亿	千	百	十	万	千	百	十	元	角	分	十	亿	千	百	十	万	千	百	十	元	角	分		十	亿	千	百	十	万	千	百	十	元	角	分
12	21	49	支付债券发行费								5	0	0	0	0	0																									
			本月合计								5	0	0	0	0	0													借							5	0	0	0	0	0

明细分类账

总账科目 无形资产

明细科目＿＿＿＿＿＿

2011年		记账凭证号数	摘要	页数	借方											贷方											借或贷	余额										
月	日				十	亿	千	百	十	万	千	百	十	元	角	分	十	亿	千	百	十	万	千	百	十	元	角	分		十	亿	千	百	十	万	千	百	十	元	角	分
			期初余额																										借						6	0	0	0	0	0	0
12	14	26	购入无形资产							6	3	0	0	0	0	0																									
12	31	99	接受投资							1	0	0	0	0	0	0																									
			本月合计							7	3	0	0	0	0	0													借					1	3	3	0	0	0	0	0

明细分类账

总账科目 累计摊销

明细科目

2011年		记账凭证号数	摘要	页数	借方												贷方												借或贷	余额											
月	日				十	亿	千	百	十	万	千	百	十	元	角	分	十	亿	千	百	十	万	千	百	十	元	角	分		十	亿	千	百	十	万	千	百	十	元	角	分
			期初余额																										贷						1	0	0	0	0	0	0
12	31	92	摊销无形资产																					8	9	1	8	4													
			本月合计																					8	9	1	8	4	贷						1	0	8	9	1	8	4

明细分类账

总账科目 长期待摊费用

明细科目

2011年		记账凭证号数	摘要	页数	借方												贷方												借或贷	余额											
月	日				十	亿	千	百	十	万	千	百	十	元	角	分	十	亿	千	百	十	万	千	百	十	元	角	分		十	亿	千	百	十	万	千	百	十	元	角	分
12	15	28	租入办公楼							2	0	0	0	0	0	0																									
			本月合计							2	0	0	0	0	0	0													借						2	0	0	0	0	0	0

三、流动负债明细账的登记

明细分类账

总账科目 短期借款

明细科目

2011年		记账凭证号数	摘要	页数	借方												贷方												借或贷	余额											
月	日				十	亿	千	百	十	万	千	百	十	元	角	分	十	亿	千	百	十	万	千	百	十	元	角	分		十	亿	千	百	十	万	千	百	十	元	角	分
			期初余额																										贷				3	5	0	0	0	0	0	0	0
12	15	35	借入短期借款																		2	0	0	0	0	0	0	0													
12	15	36	偿还短期借款						1	0	0	0	0	0	0	0																									
			本月合计						1	0	0	0	0	0	0	0					2	0	0	0	0	0	0	0	贷				3	6	0	0	0	0	0	0	0

明细分类账

总账科目 应付票据

明细科目

2011年		记账凭证号数	摘要	页数	借方												贷方												借或贷	余额											
月	日				十	亿	千	百	十	万	千	百	十	元	角	分	十	亿	千	百	十	万	千	百	十	元	角	分		十	亿	千	百	十	万	千	百	十	元	角	分
			期初余额																										贷					1	0	0	0	0	0	0	0
12	15	39	签发商业汇票																			2	0	0	0	0	0	0													
12	16	40	支付票款							3	0	3	0	0	0	0																									
12	31	94	计提票据利息																					1	0	0	0	0													
			本月合计							3	0	3	0	0	0	0						2	0	1	0	0	0	0	贷						8	9	8	0	0	0	0

明细分类账

总账科目 应付账款

明细科目________

2011年		记账凭证号数	摘要	页数	借方												贷方												借或贷	余额											
月	日				十	亿	千	百	十	万	千	百	十	元	角	分	十	亿	千	百	十	万	千	百	十	元	角	分		十	亿	千	百	十	万	二	百	十	元	角	分
			期初余额																										贷						4	2	0	0	0	0	0
12	15	38	支付货款								5	0	0	0	0	0																									
12	15	37	购进																			2	3	4	0	0	0	0													
12	31	73	确认成本																				6	8	5	0	0	0													
			本月合计								5	0	0	0	0	0						3	0	2	5	0	0	0	贷						6	7	2	5	0	0	0

明细分类账

总账科目 应付利息

明细科目________

2011年		记账凭证号数	摘要	页数	借方												贷方												借或贷	余额											
月	日				十	亿	千	百	十	万	千	百	十	元	角	分	十	亿	千	百	十	万	千	百	十	元	角	分		十	亿	千	百	十	万	千	百	十	元	角	分
			期初余额																										贷						5	8	0	0	0	0	0
12	15	36	归还短期借款								1	0	0	0	0	0																									
12	21	48	偿还长期借款							5	2	5	0	0	0	0																									
12	31	93	计提利息																				1	0	0	0	0	0													
			本月合计							5	3	5	0	0	0	0							1	0	0	0	0	0	贷							5	5	0	0	0	0

明细分类账

总账科目 预收账款

明细科目

2011年 月	日	记账凭证号数	摘要	页数	借方	贷方	借或贷	余额
			期初余额				贷	60770000
12	2	5	预收团费			11700000		
12	2	6	预收团费			2280000		
12	20	46	预收团费			1000000		
12	22	55 1/2	确认收入		1000000			
12	22	56 1/2	退回预收款		4050000			
12	22	56 2/2	收取手续费		450000			
12	22	57	确认收入		11700000			
			本月合计		17200000	14980000	贷	58550000

明细分类账

总账科目 应付职工薪酬

明细科目

2011年 月	日	记账凭证号数	摘要	页数	借方	贷方	借或贷	余额
			期初余额				贷	36720000
12	17	41	核算职工薪酬、社会保险			50034600		
12	18	42	发放职工薪酬、代缴社会保险		34720000			
12	18	43	发放员工补贴		2000000			
			本月合计		36720000	50034600	贷	50034600

明细分类账

总账科目 应交税费

明细科目 应交营业税

2011年 月	日	记账凭证号数	摘要	页数	借方（十亿千百十万千百十元角分）	贷方（十亿千百十万千百十元角分）	借或贷	余额（十亿千百十万千百十元角分）
			期初余额				贷	2800000
12	15	29	交纳营业税		2800000			
12	31	$74^1/_2$	计提营业税			30000		
12	31	$75^1/_2$	计提营业税			60000		
12	31	$76^1/_2$	计提营业税			100000		
12	31	80	计提营业税			2804500		
			本月合计		2800000	2994500	贷	2994500

明细分类账

总账科目 应交税费

明细科目 应交城市维护建设税

2011年 月	日	记账凭证号数	摘要	页数	借方（十亿千百十万千百十元角分）	贷方（十亿千百十万千百十元角分）	借或贷	余额（十亿千百十万千百十元角分）
			期初余额				贷	196000
12	15	30	交纳城市维护建设税		196000			
12	31	$74^2/_2$	计提城市维护建设税			2100		
12	31	$75^2/_2$	计提城市维护建设税			4200		
12	31	$76^2/_2$	计提城市维护建设税			7000		
12	31	81	计提城市维护建设税			196315		
			本月合计		196000	209615	贷	209615

明细分类账

总账科目 应交税费

明细科目 应交教育费附加

2011年		记账凭证号数	摘要	页数	借方												贷方												借或贷	余额											
月	日				十	亿	千	百	十	万	千	百	十	元	角	分	十	亿	千	百	十	万	千	百	十	元	角	分		十	亿	千	百	十	万	千	百	十	元	角	分
			期初余额																										贷								8	4	0	0	0
12	15	30	交纳教育费附加									8	4	0	0	0																									
12	31	75 2/2	计提教育费附加																							9	0	0													
12	31	76 2/2	计提教育费附加																						1	8	0	0													
12	31	77 2/2	计提教育费附加																						3	0	0	0													
12	31	81	计提教育费附加																					8	4	1	3	5													
			本月合计									8	4	0	0	0								8	9	8	3	5	贷								8	9	8	3	5

明细分类账

总账科目 应交税费

明细科目 应交个人所得税

2011年		记账凭证号数	摘要	页数	借方												贷方												借或贷	余额											
月	日				十	亿	千	百	十	万	千	百	十	元	角	分	十	亿	千	百	十	万	千	百	十	元	角	分		十	亿	千	百	十	万	千	百	十	元	角	分
12	18	42	代扣个人所得税																			1	3	2	2	5	0	0													
			本月合计																			1	3	2	2	5	0	0	贷						1	3	2	2	5	0	0

明细分类账

总账科目 应交税费

明细科目 应交车辆购置税

2011年		记账凭证号数	摘要	页数	借方												贷方												借或贷	余额											
月	日				十	亿	千	百	十	万	千	百	十	元	角	分	十	亿	千	百	十	万	千	百	十	元	角	分		十	亿	千	百	十	万	千	百	十	元	角	分
			期初余额																										贷					1	4	1	0	2	5	6	0
12	15	32	交纳车辆购置税						1	4	1	0	2	5	6	0																									
			本月合计						1	4	1	0	2	5	6	0													平										0		

明细分类账

总账科目 应交税费

明细科目 应交车船税

2011年		记账凭证号数	摘要	页数	借方												贷方												借或贷	余额											
月	日				十	亿	千	百	十	万	千	百	十	元	角	分	十	亿	千	百	十	万	千	百	十	元	角	分		十	亿	千	百	十	万	千	百	十	元	角	分
			期初余额																										贷							3	4	5	0	0	0
12	15	33	交纳车船税								3	4	5	0	0	0																									
			本月合计								3	4	5	0	0	0													平										0		

明细分类账

总账科目 应交税费

明细科目 应交房产税

2011年		记账凭证号数	摘要	页数	借方												贷方												借或贷	余额											
月	日				十	亿	千	百	十	万	千	百	十	元	角	分	十	亿	千	百	十	万	千	百	十	元	角	分		十	亿	千	百	十	万	千	百	十	元	角	分
			期初余额																										贷							8	6	4	0	0	0
12	15	31	交纳房产税								8	6	4	0	0	0																									
			本月合计								8	6	4	0	0	0													平										0		

明细分类账

总账科目 应交税费

明细科目 应交土地使用税

2011年		记账凭证号数	摘要	页数	借方												贷方												借或贷	余额											
月	日				十	亿	千	百	十	万	千	百	十	元	角	分	十	亿	千	百	十	万	千	百	十	元	角	分		十	亿	千	百	十	万	千	百	十	元	角	分
			期初余额																										贷						1	5	0	0	0	0	0
12	15	34	交纳城镇土地使用税							1	5	0	0	0	0	0																									
			本月合计							1	5	0	0	0	0	0													平										0		

明细分类账

总账科目 应交税费

明细科目 应交所得税

2011年		记账凭证号数	摘要	页数	借方												贷方												借或贷	余额											
月	日				十	亿	千	百	十	万	千	百	十	元	角	分	十	亿	千	百	十	万	千	百	十	元	角	分		十	亿	千	百	十	万	千	百	十	元	角	分
12	31	97	计提所得税																			3	8	5	9	4	8	7													
			本月合计																			3	8	5	9	4	8	7	贷						3	8	5	9	4	8	7

明细分类账

总账科目 其他应付款

明细科目

2011年		记账凭证号数	摘要	页数	借方												贷方												借或贷	余额											
月	日				十	亿	千	百	十	万	千	百	十	元	角	分	十	亿	千	百	十	万	千	百	十	元	角	分		十	亿	千	百	十	万	千	百	十	元	角	分
			期初余额																										贷							5	0	0	0	0	0
12	18	42	代缴社会保险																			7	9	8	5	6	0	0													
12	20	44	计提租金																				3	0	0	0	0	0													
12	20	45	收取诚意金																			2	0	0	0	0	0	0													
			本月合计																			8	4	8	5	6	0	0	贷						8	9	8	5	6	0	0

明细分类账

总账科目 长期借款

明细科目 ______

2011年		记账凭证号数	摘要	页数	借方												贷方												借或贷	余额											
月	日				十	亿	千	百	十	万	千	百	十	元	角	分	十	亿	千	百	十	万	千	百	十	元	角	分		十	亿	千	百	十	万	千	百	十	元	角	分
			期初余额																										贷				2	0	0	0	0	0	0	0	0
12	20	47	借入长期借款																		2	0	0	0	0	0	0	0													
12	21	48	偿还长期借款						3	0	0	0	0	0	0	0																									
			本月合计						3	0	0	0	0	0	0	0					2	0	0	0	0	0	0	0	贷				1	9	0	0	0	0	0	0	0

明细分类账

总账科目 应付债券

明细科目 ______

2011年		记账凭证号数	摘要	页数	借方												贷方												借或贷	余额											
月	日				十	亿	千	百	十	万	千	百	十	元	角	分	十	亿	千	百	十	万	千	百	十	元	角	分		十	亿	千	百	十	万	千	百	十	元	角	分
			期初余额																										贷					1	3	5	3	0	0	0	0
12	21	491/2	发行债券																		3	0	0	0	0	0	0	0													
			本月合计																		3	0	0	0	0	0	0	0	贷					4	3	5	3	0	0	0	0

明细分类账

总账科目 长期应付款

明细科目

2011年 月	日	记账凭证号数	摘要	页数	借方	贷方	借或贷	余额
12	21	50	补偿贸易购进设备			58500000		
			本月合计			58500000	贷	58500000

四、收入明细账的登记

明细分类账

总账科目 主营业务收入

明细科目

2011年 月	日	记账凭证号数	摘要	页数	借方	贷方	借或贷	余额
12	4	11	确认收入			300000000		
12	5	13	收到商业汇票			25000000		
12	21	51	代售机票			2000000		
12	21	52	代售机票			10000000		
12	21	53	确认收入			50000000		
12	21	$54\frac{1}{2}$	确认收入			72000000		
12	22	$55\frac{1}{2}$	确认收入			10000000		
12	22	$55\frac{2}{2}$	收回现金			400000		
12	22	$56\frac{2}{2}$	收取手续费			4500000		
12	22	57	确认收入			117000000		
12	22	58	委托收款			60450000		
12	22	59	确认收入			152000000		
12	22	60	确认收入			40000000		
12	23	$62\frac{1}{2}$	确认收入			10000000		
12	23	63	取得收入			4800000		
12	31	102	结转收入		858150000			
			本月合计		858150000	858150000	平	0

明细分类账

总账科目 其他业务收入

明细科目

2011年		记账凭证号数	摘要	页数	借方												贷方												借或贷	余额											
月	日				十	亿	千	百	十	万	千	百	十	元	角	分	十	亿	千	百	十	万	千	百	十	元	角	分		十	亿	千	百	十	万	千	百	十	元	角	分
12	15	27	出租专利权																				6	0	0	0	0	0													
12	23	64	取得租金收入																			1	2	0	0	0	0	0													
12	23	65	取得租金收入																			2	0	0	0	0	0	0													
12	31	102	结转收入							3	8	0	0	0	0	0																									
			本月合计							3	8	0	0	0	0	0						3	8	0	0	0	0	0	平										0		

明细分类账

总账科目 营业外收入

明细科目

2011年		记账凭证号数	摘要	页数	借方												贷方												借或贷	余额											
月	日				十	亿	千	百	十	万	千	百	十	元	角	分	十	亿	千	百	十	万	千	百	十	元	角	分		十	亿	千	百	十	万	千	百	十	元	角	分
12	24	66	收到违约金																				8	0	0	0	0	0													
12	24	67	收到赔偿金																				8	0	0	0	0	0													
12	31	102	结转收入							1	6	0	0	0	0	0																									
			本月合计							1	6	0	0	0	0	0						1	6	0	0	0	0	0	平										0		

五、费用明细账的登记

明细分类账

总账科目 主营业务成本

明细科目

2011年		记账凭证号数	摘要	页数	借方													贷方													借或贷	余额											
月	日				十	亿	千	百	十	万	千	百	十	元	角	分	十	亿	千	百	十	万	千	百	十	元	角	分		十	亿	千	百	十	万	千	百	十	元	角	分
12	24	68	报销预借旅游费									6	5	0	0	0	0																										
12	31	69	结转成本									3	0	0	0	0	0	0																								
12	31	70	结转成本									9	8	5	0	0	0	0																								
12	31	71	结转成本									2	1	0	0	0	0	0																								
12	31	72	结转成本									5	6	0	0	0	0																										
12	31	73	确认成本									6	8	5	0	0	0																										
12	31	103	结转本年利润																						1	6	8	4	5	0	0	0														
			本月合计							1	6	8	4	5	0	0	0					1	6	8	4	5	0	0	0	平										0		

明细分类账

总账科目 其他业务成本

明细科目

2011年		记账凭证号数	摘要	页数	借方													贷方													借或贷	余额											
月	日				十	亿	千	百	十	万	千	百	十	元	角	分	十	亿	千	百	十	万	千	百	十	元	角	分		十	亿	千	百	十	万	千	百	十	元	角	分
12	31	74$^{1}/_{2}$	计提营业税											3	0	0	0	0																									
12	31	74$^{2}/_{2}$	计提城建税和教育费附加													3	0	0	0																								
12	31	75$^{1}/_{2}$	计提营业税											6	0	0	0	0																									
12	31	75$^{2}/_{2}$	计提城建税和教育费附加													6	0	0	0																								
12	31	76$^{1}/_{2}$	计提营业税										1	0	0	0	0	0																								
12	31	76$^{2}/_{2}$	计提城建税和教育费附加											1	0	0	0	0																									
12	31	104	结转成本费用																								2	0	9	0	0	0													
			本月合计								2	0	9	0	0	0							2	0	9	0	0	0	平										0		

明细分类账

总账科目 营业外支出

明细科目＿＿＿＿＿＿

2011年		记账凭证号数	摘要	页数	借方												贷方												借或贷	余额											
月	日				十	亿	千	百	十	万	千	百	十	元	角	分	十	亿	千	百	十	万	千	百	十	元	角	分		十	亿	千	百	十	万	千	百	十	元	角	分
12	31	77	盘亏设备								3	0	0	0	0	0																									
12	31	78	支付违约金								5	0	0	0	0	0																									
12	31	79	支付罚款								1	0	0	0	0	0																									
12	31	103	结转成本																				9	0	0	0	0	0													
			本月合计								9	0	0	0	0	0							9	0	0	0	0	0	平										0		

明细分类账

总账科目 营业税金及附加

明细科目＿＿＿＿＿＿

2011年		记账凭证号数	摘要	页数	借方												贷方												借或贷	余额											
月	日				十	亿	千	百	十	万	千	百	十	元	角	分	十	亿	千	百	十	万	千	百	十	元	角	分		十	亿	千	百	十	万	千	百	十	元	角	分
12	31	80	计提营业税							2	8	0	4	5	0	0																									
12	31	81	计提城建税和教育费附加								2	8	0	4	5	0																									
12	31	103	结转成本																			3	0	8	4	9	5	0													
			本月合计							3	0	8	4	9	5	0						3	0	8	4	9	5	0	平										0		

明细分类账

总账科目 销售费用

明细科目 ________

2011年 月	日	记账凭证号数	摘要	页数	借方（十亿千百十万千百十元角分）	贷方（十亿千百十万千百十元角分）	借或贷	余额（十亿千百十万千百十元角分）
12	17	41	核算职工薪酬		29113700			
12	31	82	计提折旧		500000			
12	31	83	支付广告费		100000			
12	31	84	支付电话费		80000			
12	31	85	支付汽车修理费		210000			
12	31	86	支付工装费		500000			
12	31	87	支付汽车消毒费		300000			
12	31	103	结转费用			30803700		
			本月合计		30803700	30803700	平	0

明细分类账

总账科目 管理费用

明细科目 ________

2011年 月	日	记账凭证号数	摘要	页数	借方（十亿千百十万千百十元角分）	贷方（十亿千百十万千百十元角分）	借或贷	余额（十亿千百十万千百十元角分）
12	10	19	报销差旅费		300000			
12	11	21	盘盈			200000		
12	13	23	领用低值易耗品		150000			
12	17	41	核算职工薪酬和社会保险		20920900			
12	20	44	计提租金		300000			
12	31	88	支付电费		500000			
12	31	89	支付水费		300000			
12	31	90	计提折旧		58268			
12	31	91	报销业务招待费		95000			
12	31	92	摊销无形资产		89184			
12	31	103	结转费用			22513352		
			本月合计		22713352	22713352	平	0

明细分类账

总账科目 财务费用

明细科目

2011年		记账凭证号数	摘要	页数	借方												贷方												借或贷	余额											
月	日				十	亿	千	百	十	万	千	百	十	元	角	分	十	亿	千	百	十	万	千	百	十	元	角	分		十	亿	千	百	十	万	千	百	十	元	角	分
12	5	12	收到账款								3	0	0	0	0	0																									
12	6	14	票据贴现									1	6	0	5	0																									
12	15	36	归还短期借款									5	0	0	0	0																									
12	16	40	支付票款									1	5	0	0	0																									
12	21	48	偿还长期借款								1	5	0	0	0	0																									
12	21	$54^2/_2$	给予现金折扣								8	0	0	0	0	0																									
12	31	93	计提利息								1	0	0	0	0	0																									
12	31	94	计提利息									1	0	0	0	0																									
12	31	95	利息收入																				1	2	0	0	0	0													
12	31	96	支付手续费、工本费								1	0	0	0	0	0																									
12	31	103	结转费用																			1	4	2	1	0	5	0													
			本月合计							1	5	4	1	0	5	0						1	5	4	1	0	5	0	平										0		

明细分类账

总账科目 所得税费用

明细科目

2011年		记账凭证号数	摘要	页数	借方												贷方												借或贷	余额											
月	日				十	亿	千	百	十	万	千	百	十	元	角	分	十	亿	千	百	十	万	千	百	十	元	角	分		十	亿	千	百	十	万	千	百	十	元	角	分
12	31	97	计提所得税							3	8	5	9	4	8	7																									
12	31	104	结转所得税																			3	8	5	9	4	8	7													
			本月合计							3	8	5	9	4	8	7						3	8	5	9	4	8	7	平										0		

六、所有者权益明细账的登记

明细分类账

总账科目 本年利润

明细科目 ________

2011年		记账凭证号数	摘要	页数	借方												贷方												借或贷	余额											
月	日				十	亿	千	百	十	万	千	百	十	元	角	分	十	亿	千	百	十	万	千	百	十	元	角	分		十	亿	千	百	十	万	千	百	十	元	角	分
12	31	102	结转收入																		9	1	2	1	5	0	0	0													
12	31	103	结转成本费用						7	5	7	7	7	0	5	2																									
12	31	104	结转所得税							3	8	5	9	4	8	7																									
12	31	107	转入未分配利润						1	1	5	7	8	4	6	1																									
			本月合计						9	1	2	1	5	0	0	0					9	1	2	1	5	0	0	0	平										0		

明细分类账

总账科目 利润分配

明细科目 未分配利润

2011年		记账凭证号数	摘要	页数	借方												贷方												借或贷	余额											
月	日				十	亿	千	百	十	万	千	百	十	元	角	分	十	亿	千	百	十	万	千	百	十	元	角	分		十	亿	千	百	十	万	千	百	十	元	角	分
			期初余额																										贷					1	6	0	0	0	0	0	0
12	31	106	结转盈余公积							1	1	5	7	8	4	6																									
12	31	107	本年利润转入																		1	1	5	7	8	4	6	1													
			本月合计							1	1	5	7	8	4	6					1	1	5	7	8	4	6	1	贷					2	6	4	2	0	6	1	5

明细分类账

总账科目 利润分配

明细科目 提取盈余公积

2011年		记账凭证号数	摘要	页数	借方												贷方												借或贷	余额											
月	日				十	亿	千	百	十	万	千	百	十	元	角	分	十	亿	千	百	十	万	千	百	十	元	角	分		十	亿	千	百	十	万	千	百	十	元	角	分
12	31	106	提取法定盈余公积							1	1	5	7	8	4	6																									
			本月合计							1	1	5	7	8	4	6													借						1	1	5	7	8	4	6

明细分类账

总账科目 盈余公积

明细科目 法定盈余公积

2011年		记账凭证号数	摘要	页数	借方												贷方												借或贷	余额											
月	日				十	亿	千	百	十	万	千	百	十	元	角	分	十	亿	千	百	十	万	千	百	十	元	角	分		十	亿	千	百	十	万	千	百	十	元	角	分
			期初余额																										贷					1	2	1	0	2	0	0	0
12	31	105	提取盈余公积																			1	1	5	7	8	4	6													
			本月合计																			1	1	5	7	8	4	6	贷					1	3	2	5	9	8	4	6

明细分类账

总账科目 实收资本

明细科目

2011年 月	日	记账凭证号数	摘要	页数	借方	贷方	借或贷	余额
			期初余额				贷	100000000
12	13	25	接受投资			1200000000		
12	31	98	接受投资			25000000		
12	31	99	接受投资			1000000		
12	31	100	接受投资			10000000		
12	31	101	接受投资			2000000		
			本月合计			1580000000	贷	258000000

明细分类账

总账科目 资本公积

明细科目

2011年 月	日	记账凭证号数	摘要	页数	借方	贷方	借或贷	余额
			期初余额				贷	15000000
12	31	98	接受投资			5000000		
12	31	99	接受投资			2000000		
12	31	100	资本公积转增资本		2000000			
			本月合计		2000000	7000000	贷	20000000

七、记账凭证汇总表的登记

记账凭证汇总表

2011年12月31日　　　　字　第　号

	借方金额										√	会计科目	贷方金额										√
	千	百	十	万	千	百	十	元	角	分			千	百	十	万	千	百	十	元	角	分	
				5	4	4	0	0	0	0		库存现金			1	3	3	1	5	0	0	0	
		1	7	9	3	6	3	9	5	0		银行存款		1	7	5	2	8	4	4	6	0	
			5	0	0	0	0	0	0	0		其他货币资金			5	0	0	0	0	0	0	0	
				2	5	0	0	0	0	0		应收票据				2	5	0	0	0	0	0	
			6	8	4	4	5	0	0	0		应收账款			4	8	8	0	0	0	0	0	
					5	2	0	0	0	0		预付账款											
				1	1	0	0	0	0	0		其他应收款				1	1	0	0	0	0	0	
				5	4	7	6	0	0	0		库存商品											
					7	5	0	0	0	0		周转材料					1	5	0	0	0	0	
		2	3	6	2	0	0	0	0	0		固定资产					8	0	0	0	0	0	
					5	0	0	0	0	0		累计折旧					5	5	8	2	6	8	
				7	3	0	0	0	0	0		无形资产											
												累计摊销						8	9	1	8	4	
					5	0	0	0	0	0		在建工程											
				2	0	0	0	0	0	0		长期待摊费用											
			1	0	0	0	0	0	0	0		短期借款			2	0	0	0	0	0	0	0	
				3	0	3	0	0	0	0		应付票据				2	0	1	0	0	0	0	
					5	0	0	0	0	0		应付账款				3	0	2	5	0	0	0	
			1	7	2	0	0	0	0	0		预收账款			1	4	9	8	0	0	0	0	
			3	6	7	2	0	0	0	0		应付职工薪酬			5	0	0	3	4	6	0	0	
			1	9	8	9	1	5	6	0		应交税费				8	4	7	5	9	3	7	
				5	3	5	0	0	0	0		应付利息					1	0	0	0	0	0	
												其他应付款				8	4	8	5	6	0	0	
			3	0	0	0	0	0	0	0		长期借款			2	0	0	0	0	0	0	0	
												应付债券			3	0	0	0	0	0	0	0	
												长期应付款			5	8	5	0	0	0	0	0	

续表

	借方金额										√	会计科目	贷方金额										√
	千	百	十	万	千	百	十	元	角	分			千	百	十	万	千	百	十	元	角	分	
			8	5	8	1	5	0	0	0		主营业务收入			8	5	8	1	5	0	0	0	
				3	8	0	0	0	0	0		其他业务收入				3	8	0	0	0	0	0	
				1	6	0	0	0	0	0		营业外收入				1	6	0	0	0	0	0	
			1	6	8	4	5	0	0	0		主营业务成本			1	6	8	4	5	0	0	0	
					2	0	9	0	0	0		其他业务成本					2	0	9	0	0	0	
					9	0	0	0	0	0		营业外支出					9	0	0	0	0	0	
				3	0	8	4	9	5	0		营业税金及附加				3	0	8	4	9	5	0	
				3	8	5	9	4	8	7		所得税费用				3	8	5	9	4	8	7	
			2	2	7	1	3	3	5	2		管理费用			2	2	7	1	3	3	5	2	
				1	5	4	1	0	5	0		财务费用				1	5	4	1	0	5	0	
			3	0	8	0	3	7	0	0		销售费用			3	0	8	0	3	7	0	0	
												实收资本		1	5	8	0	0	0	0	0	0	
				2	0	0	0	0	0	0		资本公积				7	0	0	0	0	0	0	
												盈余公积				1	1	5	7	8	4	6	
				1	1	5	7	8	4	6		利润分配				1	1	5	7	8	4	6	
			9	1	2	1	5	0	0	0		本年利润			9	1	2	1	5	0	0	0	
				2	3	1	5	6	9	2		利润分配			1	2	7	3	6	3	0	7	
												盈余公积				1	1	5	7	8	4	6	
		9	4	9	4	8	8	7	4	1		本月合计		9	4	9	4	8	8	7	4	1	

会计主管：李娜　　记账：王伟　　复核：韩玲　　制表：王平

第四章　登记总分类账

一、流动资产总分类账的登记

总分类账

科目名称 库存现金

2011年		记账凭证号数	摘要	页数	借方												贷方												借或贷	余额											
月	日				十	亿	千	百	十	万	千	百	十	元	角	分	十	亿	千	百	十	万	千	百	十	元	角	分		十	亿	千	百	十	万	千	百	十	元	角	分
			期初余额																										借						8	1	2	7	0	6	0
12	31		汇 1-107 号凭证							5	4	4	0	0	0	0					1	3	3	1	5	0	0	0	借							2	5	2	0	6	0

总分类账

科目名称 银行存款

2011年		记账凭证号数	摘要	页数	借方												贷方												借或贷	余额											
月	日				十	亿	千	百	十	万	千	百	十	元	角	分	十	亿	千	百	十	万	千	百	十	元	角	分		十	亿	千	百	十	万	千	百	十	元	角	分
			期初余额																										借				2	8	0	0	0	0	0	0	0
12	31		汇 1-107 号凭证					1	7	9	3	6	3	9	5	0				1	7	5	2	8	4	4	6	0	借				2	8	4	0	7	9	4	9	0

总分类账

科目名称 其他货币资金

2011年		记账凭证号数	摘要	页数	借方												贷方												借或贷	余额											
月	日				十	亿	千	百	十	万	千	百	十	元	角	分	十	亿	千	百	十	万	千	百	十	元	角	分		十	亿	千	百	十	万	千	百	十	元	角	分
			期初余额																										借						1	0	5	0	0	0	0
12	31		汇 1–107 号凭证						5	0	0	0	0	0	0	0					5	0	0	0	0	0	0	0	借						1	0	5	0	0	0	0

总分类账

科目名称 应收票据

2011年		记账凭证号数	摘要	页数	借方												贷方												借或贷	余额											
月	日				十	亿	千	百	十	万	千	百	十	元	角	分	十	亿	千	百	十	万	千	百	十	元	角	分		十	亿	千	百	十	万	千	百	十	元	角	分
			期初余额																										借					1	7	9	0	0	0	0	0
12	31		汇 1–107 号凭证							2	5	0	0	0	0	0						2	5	0	0	0	0	0	借					1	7	9	0	0	0	0	0

总分类账

科目名称 应收账款

2011年		记账凭证号数	摘要	页数	借方												贷方												借或贷	余额											
月	日				十	亿	千	百	十	万	千	百	十	元	角	分	十	亿	千	百	十	万	千	百	十	元	角	分		十	亿	千	百	十	万	千	百	十	元	角	分
			期初余额																										借				1	4	0	0	0	0	0	0	0
12	31		汇 1-107 号凭证						6	8	4	4	5	0	0	0					4	8	8	0	0	0	0	0	借				1	5	9	6	4	5	0	0	0

总分类账

科目名称 预付账款

2011年		记账凭证号数	摘要	页数	借方												贷方												借或贷	余额											
月	日				十	亿	千	百	十	万	千	百	十	元	角	分	十	亿	千	百	十	万	千	百	十	元	角	分		十	亿	千	百	十	万	千	百	十	元	角	分
			期初余额																										借					7	3	6	0	0	0	0	0
12	31		汇 1-107 号凭证								5	2	0	0	0	0													借					7	4	1	2	0	0	0	0

总分类账

科目名称 其他应收款

2011年		记账凭证号数	摘要	页数	借方												贷方												借或贷	余额											
月	日				十	亿	千	百	十	万	千	百	十	元	角	分	十	亿	千	百	十	万	千	百	十	元	角	分		十	亿	千	百	十	万	千	百	十	元	角	分
			期初余额																										借					1	8	1	0	6	5	0	0
12	31		汇 1-107 号凭证							1	1	0	0	0	0	0						1	1	0	0	0	0	0	借					1	8	1	0	6	5	0	0

总分类账

科目名称 库存商品

2011年		记账凭证号数	摘要	页数	借方												贷方												借或贷	余额											
月	日				十	亿	千	百	十	万	千	百	十	元	角	分	十	亿	千	百	十	万	千	百	十	元	角	分		十	亿	千	百	十	万	千	百	十	元	角	分
			期初余额																										借					2	0	0	0	0	0	0	0
12	31		汇 1-107 号凭证							5	4	7	6	0	0	0													借					2	5	4	7	6	0	0	0

总分类账

科目名称 周转材料

2011年		记账凭证号数	摘要	页数	借方												贷方												借或贷	余额											
月	日				十	亿	千	百	十	万	千	百	十	元	角	分	十	亿	千	百	十	万	千	百	十	元	角	分		十	亿	千	百	十	万	千	百	十	元	角	分
			期初余额																										借						5	7	3	0	0	0	0
12	31		汇 1-107 号凭证								7	5	0	0	0	0							1	5	0	0	0	0	借						6	3	3	0	0	0	0

二、非流动资产总分类账的登记

总分类账

科目名称 固定资产

2011年		记账凭证号数	摘要	页数	借方												贷方												借或贷	余额											
月	日				十	亿	千	百	十	万	千	百	十	元	角	分	十	亿	千	百	十	万	千	百	十	元	角	分		十	亿	千	百	十	万	千	百	十	元	角	分
			期初余额																										借				3	0	0	0	0	0	0	0	0
12	31		汇 1-107 号凭证						2	3	6	2	0	0	0	0							8	0	0	0	0	0	借				5	3	5	4	0	0	0	0	0

总分类账

科目名称 累计折旧

2011年		记账凭证号数	摘要	页数	借方												贷方												借或贷	余额											
月	日				十	亿	千	百	十	万	千	百	十	元	角	分	十	亿	千	百	十	万	千	百	十	元	角	分		十	亿	千	百	十	万	千	百	十	元	角	分
			期初余额																										贷					2	5	0	0	0	0	0	0
12	31		汇 1-107 号凭证								5	0	0	0	0	0							5	5	8	2	6	8	贷					2	5	0	5	8	2	6	8

总分类账

科目名称 无形资产

2011年		记账凭证号数	摘要	页数	借方												贷方												借或贷	余额											
月	日				十	亿	千	百	十	万	千	百	十	元	角	分	十	亿	千	百	十	万	千	百	十	元	角	分		十	亿	千	百	十	万	千	百	十	元	角	分
			期初余额																										借						6	0	0	0	0	0	0
12	31		汇 1-107 号凭证							7	3	0	0	0	0	0													借					1	3	3	0	0	0	0	0

总分类账

科目名称 累计摊销

2011年		记账凭证号数	摘要	页数	借方												贷方												借或贷	余额											
月	日				十	亿	千	百	十	万	千	百	十	元	角	分	十	亿	千	百	十	万	千	百	十	元	角	分		十	亿	千	百	十	万	千	百	十	元	角	分
			期初余额																										贷						1	0	0	0	0	0	0
12	31		汇 1–107 号凭证																					8	9	1	8	4	贷						1	0	8	9	1	8	4

总分类账

科目名称 在建工程

2011年		记账凭证号数	摘要	页数	借方												贷方												借或贷	余额											
月	日				十	亿	千	百	十	万	千	百	十	元	角	分	十	亿	千	百	十	万	千	百	十	元	角	分		十	亿	千	百	十	万	千	百	十	元	角	分
12	31		汇 1–107 号凭证								5	0	0	0	0	0													借							5	0	0	0	0	0

总分类账

科目名称 长期待摊费用

2011年		记账凭证号数	摘要	页数	借方												贷方												借或贷	余额											
月	日				十	亿	千	百	十	万	千	百	十	元	角	分	十	亿	千	百	十	万	千	百	十	元	角	分		十	亿	千	百	十	万	千	百	十	元	角	分
12	31		汇1–107号凭证							2	0	0	0	0	0	0													借						2	0	0	0	0	0	0

三、流动负债总分类账的登记

总分类账

科目名称 短期借款

2011年		记账凭证号数	摘要	页数	借方												贷方												借或贷	余额											
月	日				十	亿	千	百	十	万	千	百	十	元	角	分	十	亿	千	百	十	万	千	百	十	元	角	分		十	亿	千	百	十	万	千	百	十	元	角	分
			期初余额																										贷				3	5	0	0	0	0	0	0	0
12	31		汇1–107号凭证						1	0	0	0	0	0	0	0					2	0	0	0	0	0	0	0	贷				3	6	0	0	0	0	0	0	0

总分类账

科目名称 应付票据

2011年		记账凭证号数	摘要	页数	借方												贷方												借或贷	余额											
月	日				十	亿	千	百	十	万	千	百	十	元	角	分	十	亿	千	百	十	万	千	百	十	元	角	分		十	亿	千	百	十	万	千	百	十	元	角	分
			期初余额																										贷					1	0	0	0	0	0	0	0
12	31		汇 1–107 号凭证							3	0	3	0	0	0	0						2	0	1	0	0	0	0	贷						8	9	8	0	0	0	0

总分类账

科目名称 应付账款

2011年		记账凭证号数	摘要	页数	借方												贷方												借或贷	余额											
月	日				十	亿	千	百	十	万	千	百	十	元	角	分	十	亿	千	百	十	万	千	百	十	元	角	分		十	亿	千	百	十	万	千	百	十	元	角	分
			期初余额																										贷						4	2	0	0	0	0	0
12	31		汇 1–107 号凭证								5	0	0	0	0	0						3	0	2	5	0	0	0	贷						6	7	2	5	0	0	0

总分类账

科目名称 预收账款

2011年		记账凭证号数	摘要	页数	借方												贷方												借或贷	余额											
月	日				十	亿	千	百	十	万	千	百	十	元	角	分	十	亿	千	百	十	万	千	百	十	元	角	分		十	亿	千	百	十	万	千	百	十	元	角	分
			期初余额																										贷					6	0	7	7	0	0	0	0
12	31		汇 1–107 号凭证						1	7	2	0	0	0	0	0					1	4	9	8	0	0	0	0	贷					5	8	5	5	0	0	0	0

总分类账

科目名称 应付职工薪酬

2011年		记账凭证号数	摘要	页数	借方												贷方												借或贷	余额											
月	日				十	亿	千	百	十	万	千	百	十	元	角	分	十	亿	千	百	十	万	千	百	十	元	角	分		十	亿	千	百	十	万	千	百	十	元	角	分
			期初余额																										贷					3	6	7	2	0	0	0	0
12	31		汇 1–107 号凭证						3	6	7	2	0	0	0	0					5	0	0	3	4	6	0	0	贷					5	0	0	3	4	6	0	0

总分类账

科目名称 应交税费

2011年		记账凭证号数	摘要	页数	借方												贷方												借或贷	余额											
月	日				十	亿	千	百	十	万	千	百	十	元	角	分	十	亿	千	百	十	万	千	百	十	元	角	分		十	亿	千	百	十	万	千	百	十	元	角	分
			期初余额																										贷					1	9	8	9	1	5	6	0
			汇 1–107 号凭证						1	9	8	9	1	5	6	0						8	4	7	5	9	3	7	贷						8	4	7	5	9	3	7

总分类账

科目名称 应付利息

2011年		记账凭证号数	摘要	页数	借方												贷方												借或贷	余额											
月	日				十	亿	千	百	十	万	千	百	十	元	角	分	十	亿	千	百	十	万	千	百	十	元	角	分		十	亿	千	百	十	万	千	百	十	元	角	分
			期初余额																										贷						5	8	0	0	0	0	0
12	31		汇 1–107 号凭证							5	3	5	0	0	0	0							1	0	0	0	0	0	贷							5	5	0	0	0	0

总分类账

科目名称 其他应付款

2011年		记账凭证号数	摘要	页数	借方												贷方												借或贷	余额											
月	日				十	亿	千	百	十	万	千	百	十	元	角	分	十	亿	千	百	十	万	千	百	十	元	角	分		十	亿	千	百	十	万	千	百	十	元	角	分
			期初余额																										贷							5	0	0	0	0	0
			汇 1-107 号凭证																			8	4	8	5	6	0	0	贷						8	9	8	5	6	0	0

四、非流动负债总分类账的登记

总分类账

科目名称 长期借款

2011年		记账凭证号数	摘要	页数	借方												贷方												借或贷	余额											
月	日				十	亿	千	百	十	万	千	百	十	元	角	分	十	亿	千	百	十	万	千	百	十	元	角	分		十	亿	千	百	十	万	千	百	十	元	角	分
			期初余额																										贷				2	0	0	0	0	0	0	0	0
12	31		汇 1-107 号凭证						3	0	0	0	0	0	0	0					2	0	0	0	0	0	0	0	贷				1	9	0	0	0	0	0	0	0

总分类账

科目名称 应付债券

<table>
<tr><th colspan="2">2011年</th><th rowspan="2">记账凭证号数</th><th rowspan="2">摘要</th><th rowspan="2">页数</th><th colspan="12">借方</th><th colspan="12">贷方</th><th rowspan="2">借或贷</th><th colspan="12">余额</th></tr>
<tr><th>月</th><th>日</th><th>十</th><th>亿</th><th>千</th><th>百</th><th>十</th><th>万</th><th>千</th><th>百</th><th>十</th><th>元</th><th>角</th><th>分</th><th>十</th><th>亿</th><th>千</th><th>百</th><th>十</th><th>万</th><th>千</th><th>百</th><th>十</th><th>元</th><th>角</th><th>分</th><th>十</th><th>亿</th><th>千</th><th>百</th><th>十</th><th>万</th><th>千</th><th>百</th><th>十</th><th>元</th><th>角</th><th>分</th></tr>
<tr><td></td><td></td><td></td><td>期初余额</td><td></td><td></td><td></td><td></td><td></td><td></td><td></td><td></td><td></td><td></td><td></td><td></td><td></td><td></td><td></td><td></td><td></td><td></td><td></td><td></td><td></td><td></td><td></td><td></td><td></td><td>贷</td><td></td><td></td><td></td><td></td><td>1</td><td>3</td><td>5</td><td>3</td><td>0</td><td>0</td><td>0</td><td>0</td></tr>
<tr><td></td><td></td><td></td><td>汇 1-107 号凭证</td><td></td><td></td><td></td><td></td><td></td><td></td><td></td><td></td><td></td><td></td><td></td><td></td><td></td><td></td><td></td><td></td><td></td><td>3</td><td>0</td><td>0</td><td>0</td><td>0</td><td>0</td><td>0</td><td>0</td><td>贷</td><td></td><td></td><td></td><td></td><td>4</td><td>3</td><td>5</td><td>3</td><td>0</td><td>0</td><td>0</td><td>0</td></tr>
<tr><td></td><td></td><td></td><td></td><td></td><td></td><td></td><td></td><td></td><td></td><td></td><td></td><td></td><td></td><td></td><td></td><td></td><td></td><td></td><td></td><td></td><td></td><td></td><td></td><td></td><td></td><td></td><td></td><td></td><td></td><td></td><td></td><td></td><td></td><td></td><td></td><td></td><td></td><td></td><td></td><td></td><td></td></tr>
<tr><td></td><td></td><td></td><td></td><td></td><td></td><td></td><td></td><td></td><td></td><td></td><td></td><td></td><td></td><td></td><td></td><td></td><td></td><td></td><td></td><td></td><td></td><td></td><td></td><td></td><td></td><td></td><td></td><td></td><td></td><td></td><td></td><td></td><td></td><td></td><td></td><td></td><td></td><td></td><td></td><td></td><td></td></tr>
<tr><td></td><td></td><td></td><td></td><td></td><td></td><td></td><td></td><td></td><td></td><td></td><td></td><td></td><td></td><td></td><td></td><td></td><td></td><td></td><td></td><td></td><td></td><td></td><td></td><td></td><td></td><td></td><td></td><td></td><td></td><td></td><td></td><td></td><td></td><td></td><td></td><td></td><td></td><td></td><td></td><td></td><td></td></tr>
<tr><td></td><td></td><td></td><td></td><td></td><td></td><td></td><td></td><td></td><td></td><td></td><td></td><td></td><td></td><td></td><td></td><td></td><td></td><td></td><td></td><td></td><td></td><td></td><td></td><td></td><td></td><td></td><td></td><td></td><td></td><td></td><td></td><td></td><td></td><td></td><td></td><td></td><td></td><td></td><td></td><td></td><td></td></tr>
<tr><td></td><td></td><td></td><td></td><td></td><td></td><td></td><td></td><td></td><td></td><td></td><td></td><td></td><td></td><td></td><td></td><td></td><td></td><td></td><td></td><td></td><td></td><td></td><td></td><td></td><td></td><td></td><td></td><td></td><td></td><td></td><td></td><td></td><td></td><td></td><td></td><td></td><td></td><td></td><td></td><td></td><td></td></tr>
<tr><td></td><td></td><td></td><td></td><td></td><td></td><td></td><td></td><td></td><td></td><td></td><td></td><td></td><td></td><td></td><td></td><td></td><td></td><td></td><td></td><td></td><td></td><td></td><td></td><td></td><td></td><td></td><td></td><td></td><td></td><td></td><td></td><td></td><td></td><td></td><td></td><td></td><td></td><td></td><td></td><td></td><td></td></tr>
</table>

总分类账

科目名称 长期应付款

<table>
<tr><th colspan="2">2011年</th><th rowspan="2">记账凭证号数</th><th rowspan="2">摘要</th><th rowspan="2">页数</th><th colspan="12">借方</th><th colspan="12">贷方</th><th rowspan="2">借或贷</th><th colspan="12">余额</th></tr>
<tr><th>月</th><th>日</th><th>十</th><th>亿</th><th>千</th><th>百</th><th>十</th><th>万</th><th>千</th><th>百</th><th>十</th><th>元</th><th>角</th><th>分</th><th>十</th><th>亿</th><th>千</th><th>百</th><th>十</th><th>万</th><th>千</th><th>百</th><th>十</th><th>元</th><th>角</th><th>分</th><th>十</th><th>亿</th><th>千</th><th>百</th><th>十</th><th>万</th><th>千</th><th>百</th><th>十</th><th>元</th><th>角</th><th>分</th></tr>
<tr><td>12</td><td>31</td><td></td><td>汇 1-107 号凭证</td><td></td><td></td><td></td><td></td><td></td><td></td><td></td><td></td><td></td><td></td><td></td><td></td><td></td><td></td><td></td><td></td><td></td><td>5</td><td>8</td><td>5</td><td>0</td><td>0</td><td>0</td><td>0</td><td>0</td><td>贷</td><td></td><td></td><td></td><td></td><td>5</td><td>8</td><td>5</td><td>0</td><td>0</td><td>0</td><td>0</td><td>0</td></tr>
<tr><td></td><td></td><td></td><td></td><td></td><td></td><td></td><td></td><td></td><td></td><td></td><td></td><td></td><td></td><td></td><td></td><td></td><td></td><td></td><td></td><td></td><td></td><td></td><td></td><td></td><td></td><td></td><td></td><td></td><td></td><td></td><td></td><td></td><td></td><td></td><td></td><td></td><td></td><td></td><td></td><td></td><td></td></tr>
<tr><td></td><td></td><td></td><td></td><td></td><td></td><td></td><td></td><td></td><td></td><td></td><td></td><td></td><td></td><td></td><td></td><td></td><td></td><td></td><td></td><td></td><td></td><td></td><td></td><td></td><td></td><td></td><td></td><td></td><td></td><td></td><td></td><td></td><td></td><td></td><td></td><td></td><td></td><td></td><td></td><td></td><td></td></tr>
<tr><td></td><td></td><td></td><td></td><td></td><td></td><td></td><td></td><td></td><td></td><td></td><td></td><td></td><td></td><td></td><td></td><td></td><td></td><td></td><td></td><td></td><td></td><td></td><td></td><td></td><td></td><td></td><td></td><td></td><td></td><td></td><td></td><td></td><td></td><td></td><td></td><td></td><td></td><td></td><td></td><td></td><td></td></tr>
<tr><td></td><td></td><td></td><td></td><td></td><td></td><td></td><td></td><td></td><td></td><td></td><td></td><td></td><td></td><td></td><td></td><td></td><td></td><td></td><td></td><td></td><td></td><td></td><td></td><td></td><td></td><td></td><td></td><td></td><td></td><td></td><td></td><td></td><td></td><td></td><td></td><td></td><td></td><td></td><td></td><td></td><td></td></tr>
<tr><td></td><td></td><td></td><td></td><td></td><td></td><td></td><td></td><td></td><td></td><td></td><td></td><td></td><td></td><td></td><td></td><td></td><td></td><td></td><td></td><td></td><td></td><td></td><td></td><td></td><td></td><td></td><td></td><td></td><td></td><td></td><td></td><td></td><td></td><td></td><td></td><td></td><td></td><td></td><td></td><td></td><td></td></tr>
<tr><td></td><td></td><td></td><td></td><td></td><td></td><td></td><td></td><td></td><td></td><td></td><td></td><td></td><td></td><td></td><td></td><td></td><td></td><td></td><td></td><td></td><td></td><td></td><td></td><td></td><td></td><td></td><td></td><td></td><td></td><td></td><td></td><td></td><td></td><td></td><td></td><td></td><td></td><td></td><td></td><td></td><td></td></tr>
<tr><td></td><td></td><td></td><td></td><td></td><td></td><td></td><td></td><td></td><td></td><td></td><td></td><td></td><td></td><td></td><td></td><td></td><td></td><td></td><td></td><td></td><td></td><td></td><td></td><td></td><td></td><td></td><td></td><td></td><td></td><td></td><td></td><td></td><td></td><td></td><td></td><td></td><td></td><td></td><td></td><td></td><td></td></tr>
</table>

五、收入总分类账的登记

总分类账

科目名称 主营业务收入

2011年		记账凭证号数	摘要	页数	借方												贷方												借或贷	余额											
月	日				十	亿	千	百	十	万	千	百	十	元	角	分	十	亿	千	百	十	万	千	百	十	元	角	分		十	亿	千	百	十	万	千	百	十	元	角	分
12	31		汇 1-107 号凭证						8	5	8	1	5	0	0	0					8	5	8	1	5	0	0	0	平										0		

总分类账

科目名称 其他业务收入

2011年		记账凭证号数	摘要	页数	借方												贷方												借或贷	余额											
月	日				十	亿	千	百	十	万	千	百	十	元	角	分	十	亿	千	百	十	万	千	百	十	元	角	分		十	亿	千	百	十	万	千	百	十	元	角	分
12	31		汇 1-107 号凭证							3	8	0	0	0	0	0						3	8	0	0	0	0	0	平										0		

总分类账

科目名称 营业外收入

2011年		记账凭证号数	摘要	页数	借方												贷方												借或贷	余额											
月	日				十	亿	千	百	十	万	千	百	十	元	角	分	十	亿	千	百	十	万	千	百	十	元	角	分		十	亿	千	百	十	万	千	百	十	元	角	分
12	31		汇 1–107 号凭证							1	6	0	0	0	0	0						1	6	0	0	0	0	0	平										0		

六、费用总分类账的登记

总分类账

科目名称 主营业务成本

2011年		记账凭证号数	摘要	页数	借方												贷方												借或贷	余额											
月	日				十	亿	千	百	十	万	千	百	十	元	角	分	十	亿	千	百	十	万	千	百	十	元	角	分		十	亿	千	百	十	万	千	百	十	元	角	分
12	31		汇 1–107 号凭证						1	6	8	4	5	0	0	0					1	6	8	4	5	0	0	0	平										0		

总分类账

科目名称 其他业务成本

2011年 月	日	记账凭证号数	摘要	页数	借方（十亿千百十万千百十元角分）	贷方（十亿千百十万千百十元角分）	借或贷	余额（十亿千百十万千百十元角分）
12	31		汇 1–107 号凭证		2 0 9 0 0 0	2 0 9 0 0 0	平	0

总分类账

科目名称 营业外支出

2011年 月	日	记账凭证号数	摘要	页数	借方（十亿千百十万千百十元角分）	贷方（十亿千百十万千百十元角分）	借或贷	余额（十亿千百十万千百十元角分）
12	31		汇 1–107 号		9 0 0 0 0 0	9 0 0 0 0 0	平	0

总分类账

科目名称 营业税金及附加

2011年		记账凭证号数	摘要	页数	借方												贷方												借或贷	余额											
月	日				十	亿	千	百	十	万	千	百	十	元	角	分	十	亿	千	百	十	万	千	百	十	元	角	分		十	亿	千	百	十	万	千	百	十	元	角	分
12	31		汇 1-107 号							3	0	8	4	9	5	0						3	0	8	4	9	5	0	平										0		

总分类账

科目名称 销售费用

2011年		记账凭证号数	摘要	页数	借方												贷方												借或贷	余额											
月	日				十	亿	千	百	十	万	千	百	十	元	角	分	十	亿	千	百	十	万	千	百	十	元	角	分		十	亿	千	百	十	万	千	百	十	元	角	分
12	31		汇 1-107 号						3	0	8	0	3	7	0	0					3	0	8	0	3	7	0	0	平										0		

总分类账

科目名称 管理费用

2011年		记账凭证号数	摘要	页数	借方												贷方												借或贷	余额											
月	日				十	亿	千	百	十	万	千	百	十	元	角	分	十	亿	千	百	十	万	千	百	十	元	角	分		十	亿	千	百	十	万	千	百	十	元	角	分
12	31		汇 1–107 号						2	2	7	1	3	3	5	2					2	2	7	1	3	3	5	2	平										0		

总分类账

科目名称 财务费用

2011年		记账凭证号数	摘要	页数	借方												贷方												借或贷	余额											
月	日				十	亿	千	百	十	万	千	百	十	元	角	分	十	亿	千	百	十	万	千	百	十	元	角	分		十	亿	千	百	十	万	千	百	十	元	角	分
12	31		汇 1–107 号							1	5	4	1	0	5	0						1	5	4	1	0	5	0	平										0		

总分类账

科目名称 所得税费用

2011年		记账凭证号数	摘要	页数	借方												贷方												借或贷	余额											
月	日				十	亿	千	百	十	万	千	百	十	元	角	分	十	亿	千	百	十	万	千	百	十	元	角	分		十	亿	千	百	十	万	千	百	十	元	角	分
12	31		汇 1-107 号							3	8	5	9	4	8	7						3	8	5	9	4	8	7	平										0		

七、所有者权益总分类账的登记

总分类账

科目名称 本年利润

2011年		记账凭证号数	摘要	页数	借方												贷方												借或贷	余额											
月	日				十	亿	千	百	十	万	千	百	十	元	角	分	十	亿	千	百	十	万	千	百	十	元	角	分		十	亿	千	百	十	万	千	百	十	元	角	分
12	31		汇 1-107 号						9	1	2	1	5	0	0	0					9	1	2	1	5	0	0	0	平										0		

总分类账

科目名称 利润分配

2011年		记账凭证号数	摘 要	页数	借 方												贷 方												借或贷	余 额											
月	日				十	亿	千	百	十	万	千	百	十	元	角	分	十	亿	千	百	十	万	千	百	十	元	角	分		十	亿	千	百	十	万	千	百	十	元	角	分
			期初余额																										贷					1	6	0	0	0	0	0	0
12	31		汇 1–107 号凭证							2	3	1	5	6	9	2					1	2	7	3	6	3	0	7	贷					2	6	4	2	0	6	1	5

总分类账

科目名称 盈余公积

2011年		记账凭证号数	摘 要	页数	借 方												贷 方												借或贷	余 额											
月	日				十	亿	千	百	十	万	千	百	十	元	角	分	十	亿	千	百	十	万	千	百	十	元	角	分		十	亿	千	百	十	万	千	百	十	元	角	分
			期初余额																										贷					1	2	1	0	2	0	0	0
12	31		汇 1–107 号凭证																			1	1	5	7	8	4	6	贷					1	3	2	5	9	8	4	6

总分类账

科目名称 实收资本

2011年		记账凭证号数	摘要	页数	借方												贷方												借或贷	余额											
月	日				十	亿	千	百	十	万	千	百	十	元	角	分	十	亿	千	百	十	万	千	百	十	元	角	分		十	亿	千	百	十	万	千	百	十	元	角	分
			期初余额																										贷				1	0	0	0	0	0	0	0	0
12	31		汇 1–107 号凭证																	1	5	8	0	0	0	0	0	0	贷				2	5	8	0	0	0	0	0	0

总分类账

科目名称 资本公积

2011年		记账凭证号数	摘要	页数	借方												贷方												借或贷	余额											
月	日				十	亿	千	百	十	万	千	百	十	元	角	分	十	亿	千	百	十	万	千	百	十	元	角	分		十	亿	千	百	十	万	千	百	十	元	角	分
			期初余额																										贷					1	5	0	0	0	0	0	0
12	31		汇 1–107 号凭证							2	0	0	0	0	0	0						7	0	0	0	0	0	0	贷					2	0	0	0	0	0	0	0

第五章 编制财务报表

一、编制资产负债表（见插页）

二、编制利润表

利 润 表

编制单位：北京长城旅行社有限公司　　2011 年 12 月　　单位：元

项目	本月数	本年累计数
一、营业收入	896 150.00	
减：营业成本	170 540.00	
营业税金及附加	30 849.5	
销售费用	308 037.00	
管理费用	225 133.52	
财务费用	14 210.50	
资产减值损失		
加：公允价值变动收益（损失以“–”号填列）	–	
投资收益（损失以“–”号填列）	–	
其中：对联营企业和合营企业的投资收益		
二、营业利润（亏损以“–”号填列）	147 379.48	
加：营业外收入	16 000.00	
减：营业外支出	9 000.00	
其中：非流动资产处置损失		
三、利润总额（亏损总额以“–”号填列）	154 379.48	
减：所得税费用	38 594.87	
四、净利润（净亏损以“–”号填列）	115 784.61	
五、每股收益		
（一）基本每股收益		
（二）稀释每股收益		

单位负责人：张长城　　财务负责人：李娜　　复核：韩玲　　制表：王平

三、编制现金流量表

（一）经营活动产生的现金流量

经营活动现金流入辅助日记账

2011 年度

日期	凭证号	摘要	借方科目	贷方科目	销售商品、提供劳务收到的现金	收到的税费返还	收到的其他与经营活动有关的现金	合计
1	2	收到团费	库存现金	应收账款	50 000			50 000
2	4	收到团费	银行存款	应收账款	80 000			80 000
2	5	预收团费	银行存款	预收账款	117 000			117 000
2	6	预收团费	银行存款	预收账款	22 800			22 800
3	10	收回欠款	银行存款	应收账款			8 000	8 000
5	12	收到账款	银行存款	应收账款			297 000	297 000
6	14	票据贴现	银行存款	应收票据			24 839.50	24 839.50
10	19	报销差旅费	库存现金	其他应收款			2 000	2 000
15	27	出租专利权	银行存款	其他业务收入			6 000	6 000
20	45	收取诚意金	银行存款	其他应付款			2 000	2 000
20	46	预收团款	银行存款	预收账款			10 000	10 000
21	51	代售机票	银行存款	主营业务收入	2 000			2 000
21	52	代售机票	银行存款	主营业务收入	10 000			10 000
22	55	收回现金	库存现金	主营业务收入			400	400
23	61	收回账款	银行存款	应收账款			40 000	40 000
23	62	收回账款	银行存款	应收账款			10 000	10 000
23	63	取得收入	银行存款	主营业务收入	4 800			4 800
23	64	取得租金收入	银行存款	其他业务收入	12 000			12 000
23	65	取得租金收入	银行存款	其他业务收入	20 000			20 000
24	66	收到违约金	银行存款	营业外收入			8 000	8 000
24	67	收到赔偿金	银行存款	营业外收入			8 000	8 000
31	96	收到利息	银行存款	财务费用			1 200	1 200
		合计			318 600		417 439.50	736 039.50

经营活动现金流出辅助日记账

2011 年度

日期	凭证号	摘要	借方科目	贷方科目	购买商品、接受劳务支付的现金	支付给职工以及为职工支付的现金	支付的各项税费	支付的其他与经营活动有关的现金	合计
6	15	预付律师费	预付账款	银行存款				5 000	5 000
7	16	预付报刊费	预付账款	库存现金				200	200
7	17	预付旅游费	其他应收款	库存现金				6 000	6 000
8	18	预借差旅费	其他应收款	库存现金				5 000	5 000
10	20	购进	库存商品	银行存款	9 360				9 360
12	22	购进	周转材料	银行存款	7 500				7 500
15	29	交纳营业税	应交税费	银行存款			28 000		28 000
15	30	交纳城建税和教育费附加	应交税费	银行存款			2 800		2 800
15	31	交纳房产税	应交税费	银行存款			8 640		8 640
15	32	交纳车辆购置税	应交税费	银行存款			141 025.60		141 025.60
15	33	交纳车船税	应交税费	银行存款			3 450.00		3 450.00
15	34	交纳城镇土地使用税	应交税费	银行存款			15 000		15 000
15	38	支付货款	应付账款	银行存款				5 000	5 000
16	40	支付票款	应付票据	银行存款				30 450	30 450
18	42	发放工资	应付职工薪酬	银行存款		254 119			254 119
18	43	发放员工补助	应付职工薪酬	库存现金		20 000			20 000
21	54	给予现金折扣	财务费用	银行存款				8 000	8 000
22	56	退回预收款	预收账款	银行存款				40 500	40 500

续表

日期	凭证号	摘要	借方科目	贷方科目	购买商品、接受劳务支付的现金	支付给职工以及为职工支付的现金	支付的各项税费	支付的其他与经营活动有关的现金	合计
24	68	报销差旅费	主营业务成本	库存现金				500	500
31	70	结转成本	主营业务成本	银行存款				30 000	30 000
31	71	结转成本	主营业务成本	银行存款				98 500	98 500
31	72	结转成本	主营业务成本	银行存款				21 000	21 000
31	73	结转成本	主营业务成本	银行存款				5 600	5 600
31	79	支付违约金	营业外支出	银行存款				5 000	5 000
31	80	支付罚款	营业外支出	银行存款				1 000	1 000
31	84	支付广告费	销售费用	银行存款				1 000	1 000
31	85	支付电话费	销售费用	银行存款				800	800
31	86	支付汽车修理费	销售费用	银行存款				2 100	2 100
31	87	支付工装费	销售费用	银行存款				5 000	5 000
31	88	支付汽车消毒费	销售费用	银行存款				3 000	3 000
31	89	支付电费	管理费用	银行存款				5 000	5 000
31	90	支付水费	管理费用	银行存款				3 000	3 000
31	92	报销业务招待费	管理费用	库存现金				950	950
31	97	支付手续费、工本费	财务费用	银行存款				1 000	1 000
		合计			16 860	274 119	198 915.60	283 600	773 494.60

（二）投资活动产生的现金流量

投资活动现金流入辅助日记账

2011 年度

日期	凭证号	摘要	借方科目	贷方科目	收回投资收到的现金	取得投资收益收到的现金	处置固定资产、无形资产和其他长期资产收回的现金净额	处置子公司及其他营业单位收到的现金净额	收到的其他与投资活动有关的现金	合计

投资活动现金流出辅助日记账

2011 年度

日期	凭证号	摘要	借方科目	贷方科目	购建固定资产、无形资产和其他长期资产支付的现金	投资支付的现金	取得子公司及其他营业单位收到的现金净额	支付的其他与投资活动有关的现金	合计
3	8	购进固定资产	固定资产	其他货币资金	450 000				450 000
13	24	购进打印机	固定资产	银行存款	7 000				7 000
14	26	购入无形资产	无形资产	银行存款	63 000				63 000
15	28	租入办公楼	长期待摊费用	银行存款	20 000				20 000
31		本年合计			540 000				540 000

（三）筹资活动产生的现金流量

筹资活动现金流入辅助日记账

2011 年度

日期	凭证号	摘要	借方科目	贷方科目	吸收投资收到的现金	借款收到的现金	收到的其他与筹资活动有关的现金	合计
15	35	借入短期借款	银行存款	短期借款		200 000		200 000
20	47	借入长期借款	银行存款	长期借款		200 000		200 000
21	49	发行债券	银行存款	应付债券			300 000	300 000
31	99	接受投资	银行存款	实收资本	300 000			300 000
		合计			300 000	400 000	300 000	1000 000

筹资活动现金流出辅助日记账

2011 年度

日期	凭证号	摘要	借方科目	贷方科目	偿还债务所支付的现金	分配股利、利润或偿付利息支付的现金	支付的其他与筹资活动有关的现金	合计
15	36	偿还借款	短期借款	银行存款	101 500			101 500
21	48	偿还长期借款	长期借款	银行存款	354 000			354 000
21	49	支付发行费	在建工程	银行存款			5 000	5 000
		合计			455 500		5 000	460 500

编制单位：北京长城旅行社

资产	
流动资产：	
货币资金	2
交易性金融资产	
应收票据	
应收账款	1
预付款项	
应收利息	
应收股利	
其他应收款	
存货	
一年内到期的非流动资产	
其他流动资产	
流动资产合计：	5
非流动资产：	
可供出售金融资产	
持有至到期投资	
长期应收款	
长期股权投资	
投资性房地产	
固定资产	
在建工程	
工程物资	
固定资产清理	
生产性生物资产	
油气资产	
无形资产	
开发支出	
商誉	
长期待摊费用	
递延所得税资产	
其他非流动资产	
非流动资产合计	
资产总计	

补充资料：1．已贴现的商业

2．已包括在固定

3．国家资本 ___

4．法人资本 ___

单位负责人：张

续表

项目	上期数	本期数
筹资活动现金流入小计		1000 000
偿还债务所支付的现金		455 500
分配股利、利润或偿付利息所支付的现金		
支付的其他与筹资活动有关的现金		5 000
筹资活动现金流出小计		460 500
筹资活动产生的现金流量净额		539 500
四、汇率变动对现金的影响		
五、现金及现金等价物净增加额		37 955.10

制表：王平

现金流量表

编制单位：北京长城旅行社有限公司　2011 年 12 月 31 日　单位：元

项目	上期数	本期数
一、经营活动产生的现金流量：	（略）	
销售商品、提供劳务收到的现金		318 600
收到的税费返还		
收到的其他与经营活动有关的现金		417 439.50
经营活动现金流入小计		736 039.50
购买商品、接受劳务支付的现金		16 860
支付给职工以及为职工支付的现金		274 119
支付的各项税费		198 915.60
支付的其他与经营活动有关的现金		283 600
经营活动现金流出小计		773 494.60
经营活动产生的现金流量净额		–37 455.10
二、投资活动产生的现金流量：		
收回投资所收到的现金		0
取得投资收益所收到的现金		0
处置固定资产、无形资产和其他长期资产所收回的现金净额		0
收到的其他与投资活动有关的现金		0
投资活动现金流入小计		0
购建固定资产、无形资产和其他长期资产所支付的现金		540 000
投资所支付的现金		0
支付的其他与投资活动有关的现金		0
投资活动现金流出小计		540 000
投资活动产生的现金流量净额		–540 000
三、筹资活动产生的现金流量：		
吸收投资所收到的现金		300 000
借款所收到的现金		400 000
收到的其他与筹资活动有关的现金		300 000

资产负债表

有限公司　　2011 年 12 月 31 日　　单位：元

期初数	期末数	负债及所有者权益	期初数	期末数
		流动负债：		
891 770.60	2 853 815.50	短期借款	3 500 000.00	3 600 000.00
–		交易性金融负债	–	–
179 000.00	179 000.00	应付票据	100 000.00	89 800.00
400 000.00	1 596 450.00	应付账款	42 000.00	67 250.00
736 000.00	741 200.00	预收款项	607 700.00	585 500.00
	–	应付职工薪酬	367 200.00	500 346.00
		应交税费	198 915.60	84 759.37
181 065.00	181 065.00	应付利息	58 000.00	5 500.00
257 300.00	318 060.00	应付股利	–	–
–	–	其他应付款	5 000.00	89 856.00
–	–	一年内到期的非流动负债	–	
645 135.60	5 869 590.50	其他流动负债	–	
		流动负债合计：	4 878 815.60	5 023 011.37
–		非流动负债：		
		长期借款	2 000 000.00	1 900 000.00
–	–	应付债券	135 300.00	435 300.00
		长期应付款	–	585 000.00
		专项应付款	–	–
750 000.00	5 103 417.32	预计负债	–	–
	5 000.00	递延所得税负债	–	–
–		其他非流动负债	–	
–		非流动负债合计：	2 135 300.00	2 920 300.00
–	–	负债合计	7 014 115.60	7 943 311.37
–	–	所有者权益：		
50 000.00	122 108.16	实收资本	1 000 000.00	2 580 000.00
–	–	资本公积	150 000.00	200 000.00
–	–	减：库存股		
–	20 000.00	盈余公积	121 020.00	132 598.46
		未分配利润	160 000.00	264 206.15
		所有者权益合计：	1 431 020.00	3 176 804.61
800 000.00	5 250 525.48			
3 445 135.60	11 120 115.98	负债和所有者权益总计	8 445 135.60	11 120 115.98

承兑汇票 ____ 元；　　5．个人资本 ____ 元；

资产原价内的融资租入固定资产原价 ____ 元；

_ 元；　　6．外商资本 ____ 元。

_ 元；

长城　　财会负责人：李娜　　复核：韩玲　　制表：王平